Tanned Leather Craft Handbook

ヌメ革クラフト ハンドブック

エイジング、染色、金具つけ。基礎から応用まで わかる レザークラフトの入門書

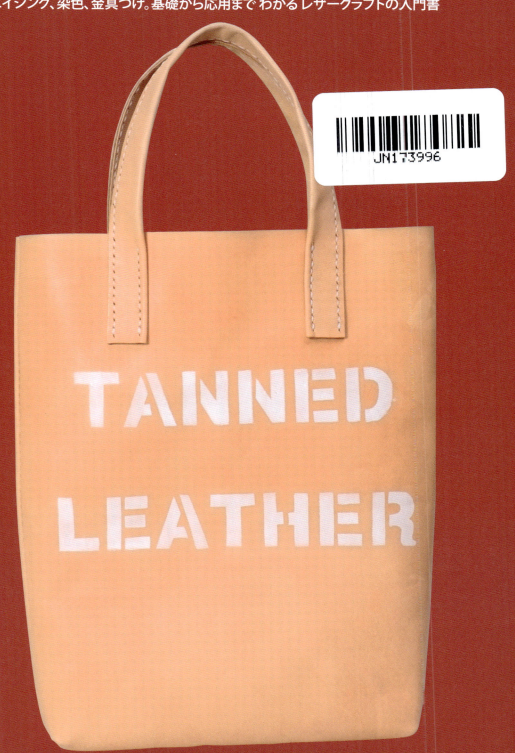

TANNED

LEATHER

CONTENTS 目次

1章
シンプルな構造 **18**

2章
革の種類・染色
装飾・金具つけ **52**

3章

やや複雑な構造

パーツの多いもの　**86**

製作方法です。
この章を見ながら
製作してください

4章

革クラフトの

基礎　**114**

作品の型紙です。
掲載ページの目次は、
最初のページにあります

5章　　型紙　　**136**

INTRODUCTION   本書の特徴

本書では、豊富なデザインをより簡単に製作することと、ヌメ革の特性を活かしてバリエーションを広げる方法を提案しています

革クラフトはとても簡単です

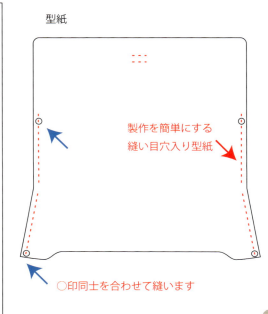

型紙

製作を簡単にする
縫い目穴入り型紙

○印同士を合わせて縫います

How to make

型紙通りに切って縫い合わせるだけで作品が作れます。
糊代を合わせて貼る、紙細工によく似ています。
布で鞄を作るときは、ほつれないように縫い代を畳んだり、
しっかりさせるために芯を入れたり、裏地をつけたりと専門的な
知識が必要ですが、
革の場合は、切りっぱなし縫いっぱなしで大丈夫！

本書の型紙には、縫い目の穴位置が入っています。
革の手縫いは、縫い目の穴を開けてから縫います。
手縫いでは、穴開けが一番重要なポイントです。
穴の数が合っていれば、
穴に沿って縫い合わせれば完成です。

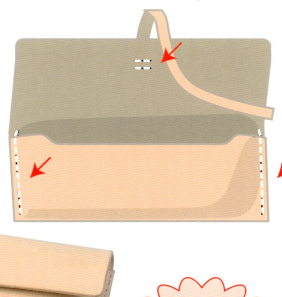

縫うのは
たったこれだけ

ペンケースの完成！

革は形を自在に変形できます

ヌメ革は硬く、作品を縫い終わった時に、
まるで厚紙を縫い合わせたように見えるかもしれません。
でも、こんなに劇的に形を変えることができます。

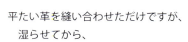

水で湿らせて折り曲げると

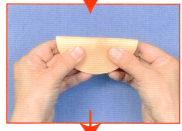

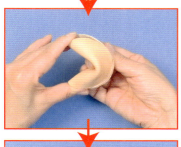

平たい革を縫い合わせただけですが、
湿らせてから、
クリーム缶を押し込んで乾かすと
缶の形がそのまま残ります。

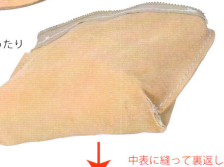

薄手の革は、
ピュアホースオイルを塗ったり
手で揉むと
柔らかくなります。
布のような
縫製の仕方も
可能です。

中表に縫って裏返し

折り曲げたまま
乾かします。
革が形状を記憶します。

革の
フォーチュン
クッキー

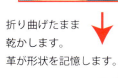

作り方 5章に掲載

5

革は変化します

ヌメ革は、日々使い込むことによる摩擦や革の疲労はもちろん、
日光による日焼けや革に塗ったオイルの酸化によって
飴色に変化していきます。

AGING 本書の作品写真では、エイジングしたものに、このマークを添えました

革の簡単なエイジング　窓辺に数日置くことで、エイジングを早めることができます。

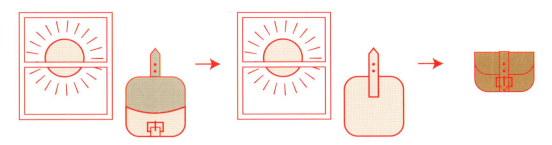

2〜3日、日の当たる場所に置く、
フラップは開けておく

ムラにならないように向きを変えて、
ピュアホースオイルを塗りながら繰り返す

使い込むことで、なじんでくるのがヌメ革の特徴です。
例えば、手でよく革を揉むと少しずつ柔らかくなります。
ピュアホースオイルで油分を補給するとよりしなやかに
なっていきます。

製作中は淡い色の銀面が、使い込むほどに、
飴色に変わっていきます。
革を揉むことと日焼けをまめに繰り返すことで、
長年使い込んだ製品に近い味わいを出すことが
できます。

逆に、ヌメ革の淡い色合いやバッグのしっかりした
形をより長く保つためには、使わないときは
直射日光の当たるところに放置しない、
布袋等に入れてキャビネットにしまう、
無理にたくさんのものを詰め込まないことが大切です。

きれいなアメ色に仕上げるために

革は、人の皮膚と同様に夏の強い日差しや熱を
あびると、ダメージのある日焼けをします。
革も自分の肌と同じような気遣いをして、
やさしく扱ってください。
ゆっくり、穏やかに日光を浴びることが、
革を傷めないポイントです。

革が乾燥してしまわないようにピュアホース
オイルを柔らかい布につけ、薄く丁寧に塗り
込んでください。2日おき程度に、まめに
塗っていくと、革によく馴染んでいきます。
一度に沢山塗ってしまわないことも大切です。
沢山オイルを塗っても吸収されません。
ムラになることもあります。

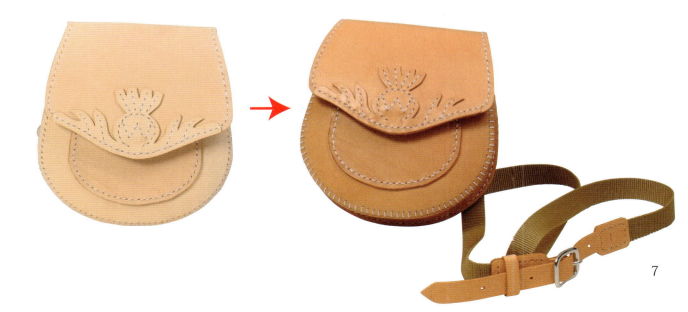

染めたり装飾を入れることもできます

スタンプ、ステンシル、藍染、染料染め、ペインティング etc.
ヌメ革、特にタンローは、加工にも適した革です。
本書では、バッグ等の作品ページでは、デザインがわかりやすいように、
装飾を入れることはしていません。装飾の方法は3章にまとめました。
ロゴやイラストを作品に入れることは、オリジナリティーを付加する
とても楽しい作業です。ぜひ作品に活かしていただきたいと思います。

Painting

Dyeing

 Stamping

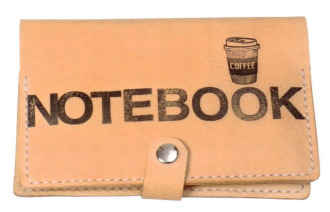

Stenciling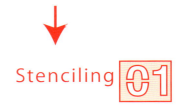

Punch mark

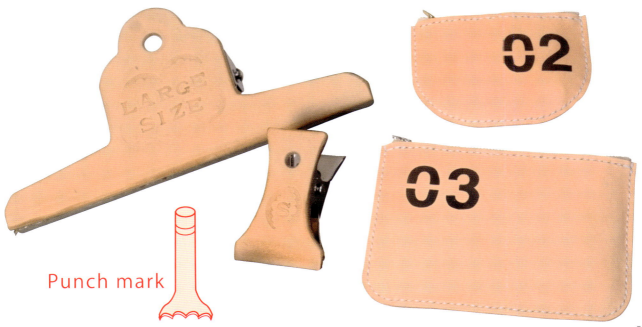

ABOUT TANNED LEATHER

ヌメ革について

本書では、以下に紹介する「タンロー」をヌメ革と呼び、
「オイルレザー」の場合は、別に名称を表示しています。

ヌメ革とは…

動物の「皮」はそのままでは腐敗してしまいます。
油を抜き、腐らないように加工（なめし）したものを「革」と呼びます。
なめし方の代表的な方法には、タンニンなめしとクロームなめしがあります。

タンニンは、紅茶にも含まれている自然な物質です。
タンニンなめしは、樹木の成分を用いて革をなめす方法で、
とても古くからあるなめし方。
原始的であるが故に、とても手間のかかるなめし方でもあります。
この、タンニンなめしした牛革のことをヌメ革と言います。
タンニンなめしした革は使い古されて廃棄されたとしても、
自然界に生きる動物達と同様におだやかに土に帰っていきます。

クロームなめしは、化学的に作られた薬剤でなめします。
なめしの工程がタンニンなめしより少なく、工業的にできることから、
商品として流通している革製品のほとんどは、クロームなめしの革に
着色や表面加工をしたものです。

一般的には、タンニンでなめした革のことをヌメ革と言いますが、
狭い意味で、タンニンなめしをしただけの
加工を施していない革のことのみをヌメ革という場合もあります。

【タンロー】

タンニンなめしをした、ローケツ染め用の革の略称です。
革クラフトで最もポピュラーで、油分が少ないので染色や加工のしやすい革です。
ピンクがかったクリーム色で、丈夫で張りがあり硬い革です。

表面にキズがつきやすく、水分を吸いやすく、湿った状態では伸びやすい、
酸化によって色が変わりやすいという性質があります。
逆に言うと、成形や加工がしやすく、使ううちになじんで柔らかくなり、
つやが増し、飴色に変わっていく革本来の使い込む面白さのある革です。

なめし後に表面加工をしていないので、怪我や虫さされの跡が
はっきりと残っていたり、シワや血管の跡がある部位もあります。
これらは全て動物の革であることの証です。
あまりキズを気にせず、ダメージのあるところも含めて、
革で制作すること、革のバッグや雑貨を使うことを楽しんでください。

【部分の名称】

革クラフトでは、革の表側を「銀面」、裏側を「床面」、切り口の部分を「コバ」と呼びます。

コバ

銀面

床面

タンローの銀面は、圧を加えるとかんたんにへこんでしまいます。
爪を立てただけでも跡が残ります。

手縫い糸は、ワックスをかけているので、
汚れが付着しやすいです。
ワックス引きの糸の場合は、布に挟んでしごき、
余分なワックスを落としておくのもお勧めです。

油分の少ない革なので、作品が出来上がったら、
ピュアホースオイル等で油分を補って長持ちさせてください。

革の厚さは購入する際に指定できます。
本書では、1.8mm・
1.4mm・1mm の比較的薄い革で
製作しています。

【オイルレザー】

タンニンなめしですが、革にたっぷりとオイルを染み込ませた
タンローよりややしなやかな肌触りの革です。
タンローと同様、手縫いの革製品を作るのに最適な革で、
製作工程もタンローの場合と同じです。

革クラフト用として染色した革も売られているので、
あらかじめ、この色と決めた作品を製作する場合は、
手染めより均一に染められている
オイルレザーで製作することをお勧めします。

染色されている革は、革の傷や日焼けがわかりにくいので
製作の際に気を使うことが少ないのは、利点です。

縫製前の色革は、レザーフィックスを塗って色移りを防いで
おくと安心です。
淡い色と濃い色のものを組み合わせて、2色 使いの作品が作りたい
場合は、色革の端革を濡らして事前にチェックを。このとき色が出るものは、
色移りすることがあるので避けましょう。

11

HOW TO BUY

革はレザークラフト専門店、大手雑貨店で購入できます。

革の購入について

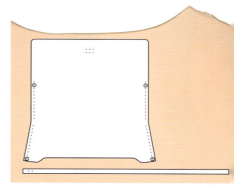

端革を購入する際は、原寸の型紙を
必要な枚数分用持参して革に並べ、
大きさが足りるか確認します。
図面には縫い代が含まれていますが、
伸びやすい部位等が含まれている場合も
あるので、革を裁つ際の余裕や革の歪み
等を考慮して、大きめのものにする
ことをお勧めします。

革は部位によって性質が異なります。
どのように型紙を配置してパーツを切り出すかは、とても重要なことです。
ダメージや伸びやすい箇所がある場合は、うまく避けて使えるか、
あるいは利用可能なものかチェックしましょう。

金属パーツは種類が豊富です。
どのパーツをつけるか、工具はどれを使えばいいのか、迷うこともあると思います。
革およびパーツは、専門の売り場の店員の方と相談して購入することをお勧めします。
2章の「レザークラフトショップ SEIWA（P84）」も参考にしてください。

【革のサイズの単位】

動物の革ですから、いろいろな形をしています。
大きさをデシ（ds）という単位で表現します。
10cm 角が 1 デシ。
革の矩形の中で 10cm 角がいくつはまるかで
00 デシの革ということになります。

1ds
10×10cm

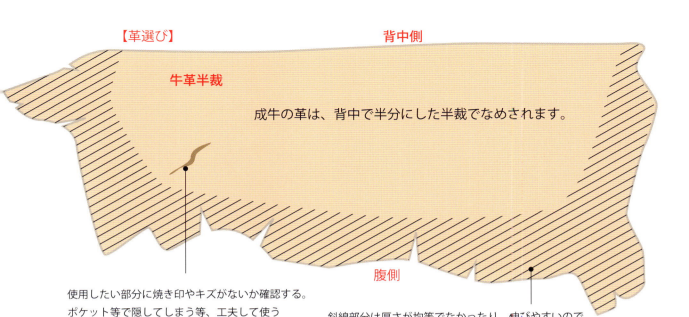

【革選び】

背中側

牛革半裁

成牛の革は、背中で半分にした半裁でなめされます。

腹側

使用したい部分に焼き印やキズがないか確認する。
ポケット等で隠してしまう等、工夫して使う

斜線部分は厚さが均等でなかったり、伸びやすいので
バッグ本体や1枚仕立ての持ち手には使用しない。
2枚の革を貼り合わせて作る小物作り等に使う。
端革を購入する際はシワの入った部分を避けて型紙を配置する

ムラに日焼けしている革
エイジング等で目立たなくなるが
極端なものは避ける

斜線部分の革
伸びやすく繊維の方向に癖があるので、
バッグの形がゆがんでしまう

床面が粗い革
床面が他の部位と比べ
白っぽくふわふわしている
ものは、作品にシワがでやすい

13

TOOLS

基本用具　その他の打ち具等は「金具つけ」P76〜80 に掲載しています。

型紙を貼る

スティック糊　紙にシワが入らないように、
水分の少ない糊を使います

ドラフティングテープ

革の銀面に貼って
はがしやすい
製図用の仮どめ
テープです

革を接着する

接着剤　貼り合わせたい箇所同士の両面に塗って
接着させるタイプを使います。
接着剤を塗って乾かしてから、
圧を加えて密着させます

革を磨く

トコノール

床面やコバを磨くときに
塗ります

プレススリッカー　トコノールを塗った面を
磨くのに使います

ドレッサー　コバを磨いて整えるのに使う
ヤスリです

革を裁つ

ビニール板　厚手のビニール製のマットです。
革を裁つ際の下敷きにします

大型のカッターナイフ　革を裁つのに使います

菱目打ち

4本刃は直線、
2本刃は曲線の
縫い目穴を
開けるのに
使います。

刃幅をほぼ実物大で
掲載しています。
軸の形はいろいろな
ものがあります

5mm 5mm

縫い目穴を開ける

本書では厚さ1～1.8mmの革を使い、
菱目打ちは5mmピッチ（穴の間隔）の
ものを使用します。
型紙の縫い目穴も5mm菱目打ち用です。
違うサイズの菱目打ちを使うと、縫い目穴の
間隔が合わなくなるので気をつけてください

菱キリ

単独の
縫い目穴を
開ける
のに使います

目打ち

革に印を
つけたり
スジを
引くのに
使います

ハトメ抜き

丸穴を開けるのに
使います。
いろいろな
サイズがあります

木槌 菱目打ちやハトメ抜きを
打つのに使います。

ゴム板 菱目打ち等を打つ際に
下に敷きます。

縫う

エスコード（中細）

麻製の手縫糸
ロウを塗って使います。

ダブルロウ引き糸

ポリエステル製の
ロウ引き済みの糸

プロワックス

手縫用のロウ

革の手縫い用の針

先端はやや丸みを
おびています

仕上げる

ピュアホースオイル

浸透力に優れた革用の
オイルです。
柔らかい布につけ、
薄く丁寧に塗り込みます

レザーフィックス

染料の色止めから仕上げま
ででき、耐水性や対摩擦性
に優れた仕上げ剤

HOW TO MAKE　基本の工程

本書の全作品共通の製作手順の流れです。個々の詳しい作業方法は、4章「革クラフトの基礎」で解説しています。
あらかじめよく読んでから製作してください

型紙を作る　　P116

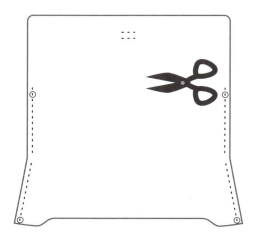

粗裁ち　　P118

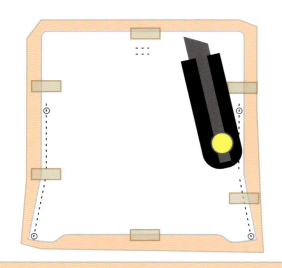

本裁ち　　P122

床面やコバを磨く　　P124

基本のペンケースで
図解しています

革に型紙を写す　　P119

縫い目穴を開ける　　P120

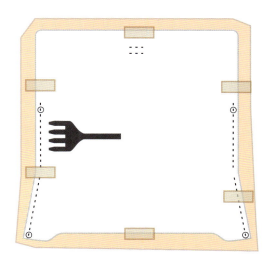

接着して縫う　P126〜132

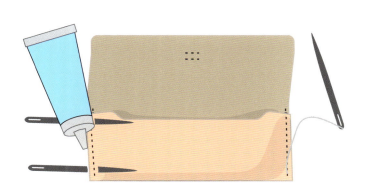

仕上げ　　P134

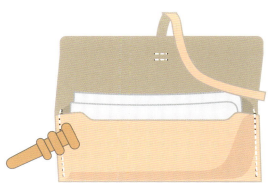

CHAPTER 1

1章　シンプルな構造

まずは、この章のシンプルな構造でパーツの少ないものから製作してみてください。
作品の大きさは様々ですが、基本の型紙や製作方法が同じものを順に紹介してあります。
大きな作品でも、理屈がわかると意外に簡単なことを、理解していただけると思います

**4章「革クラフトの基礎」を
参照して、作ります**

1章の「HOW TO MAKE」は、
作り方の手順です。

★ 縫い目穴の目数や印位置は、必ず
　型紙で確認してください

★ 接着の仕方や、縫いはじめの位置は、
　小さな図のため、わかりやすいように
　簡略化しています。
　必ず、4章の手順で進めてください。

★仕上げの工程は、省いてあります。
　P136 を参照してください

pattern

2枚合わせ

平たいバッグ　　革＝厚さ1mm

AGING

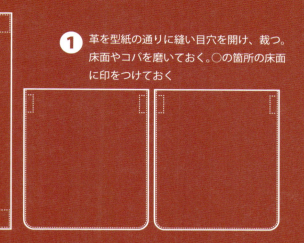

① 革を型紙の通りに縫い目穴を開け、裁つ。
床面やコバを磨いておく。○の箇所の床面
に印をつけておく

② 中表に重ね、縫い目穴を合わせ、接着し、縫う。P72 参照

縫い目穴の
目数や印位置は
型紙で確認

接着の仕方は、P126
縫いはじめの位置は、P129
を確認

角に切り込みを入れる

③ 表に返す

④ 持ち手をつける。型紙を参照して
縫い目穴を合わせ、接着し、縫う。
ハトメをつけたい場合は、
縫う前につける。P77 参照

pattern

重ねて縫う

サイズはスマートフォンの型式に合わせて調整してください。

カードケース・シンプルスマートフォンケース

革＝厚さ 1.8mm　オイルレザーとヌメ
交通機関の IC カード用ケースと携帯電話ケース。共に重ねて縫うだけのシンプルな構造です

HOW TO MAKE

【カードケース】

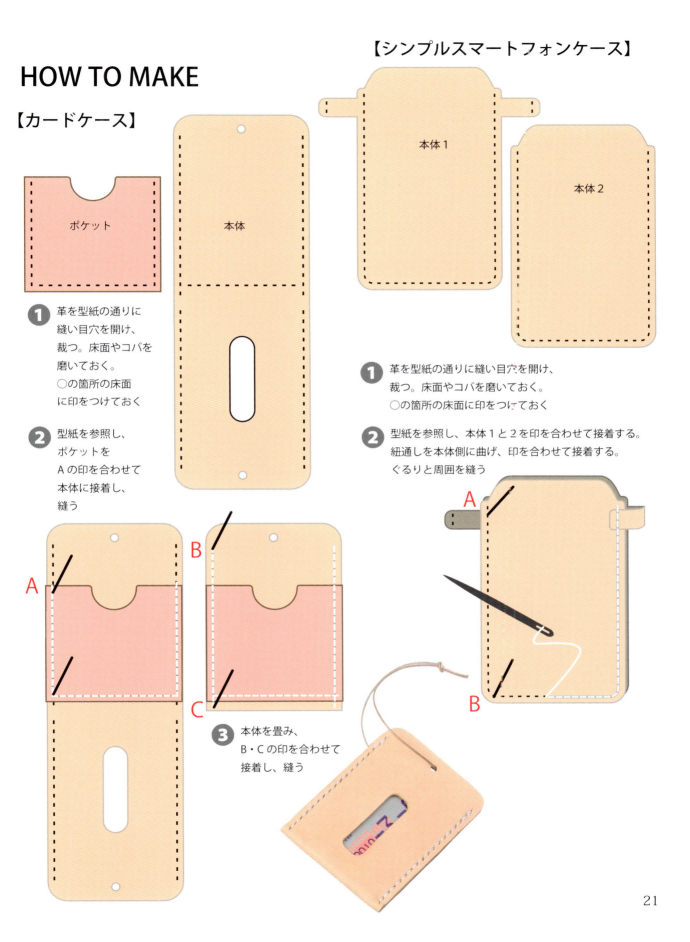

【シンプルスマートフォンケース】

1 革を型紙の通りに縫い目穴を開け、裁つ。床面やコバを磨いておく。◯の箇所の床面に印をつけておく

2 型紙を参照し、ポケットをAの印を合わせて本体に接着し、縫う

本体

ポケット

A

B

A

C

3 本体を畳み、B・Cの印を合わせて接着し、縫う

本体1

本体2

1 革を型紙の通りに縫い目穴を開け、裁つ。床面やコバを磨いておく。◯の箇所の床面に印をつけておく

2 型紙を参照し、本体1と2を印を合わせて接着する。紐通しを本体側に曲げ、印を合わせて接着する。ぐるりと周囲を縫う

A

B

21

pattern

重ねて縫う

シンプル書類ケース 革=厚さ 1.8mm AGING

重いものを入れても大丈夫な厚手のしっかりした革の書類ケース。
2枚合わせで縫うだけなので、製作は至極簡単です

HOW TO MAKE

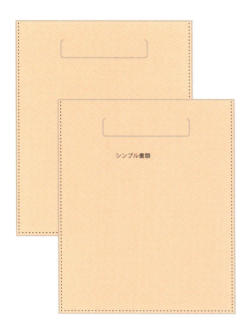

シンプル書類

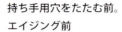

持ち手用穴をたたむ前。
エイジング前

1 革を2枚、型紙の通りに縫い目穴を開け、
裁つ。床面やコバを磨いておく。
○の箇所の床面に印をつけておく

2 型紙を参照し、2枚の角、印をそれぞれ
合わせて接着し、縫う

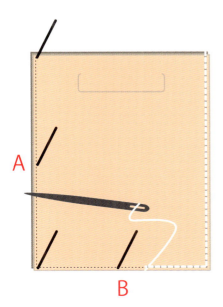

A

B

持ち手用穴は、革を湿らせ、
内側に折り曲げる
だけです。

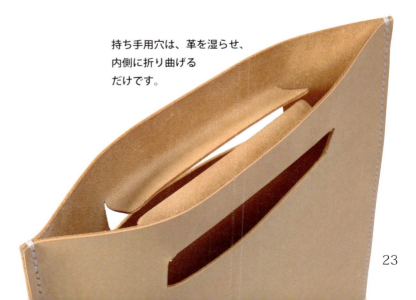

	pattern	

重ねて縫う

手帳カバー　革＝厚さ 1.4mm

A6サイズのノートやハガキにちょうどいいサイズの手帳カバーです。

HOW TO MAKE

1 革を型紙の通りに縫い目穴を開け、裁つ。
床面やコバを磨いておく。○の箇所の床面に印をつけておく

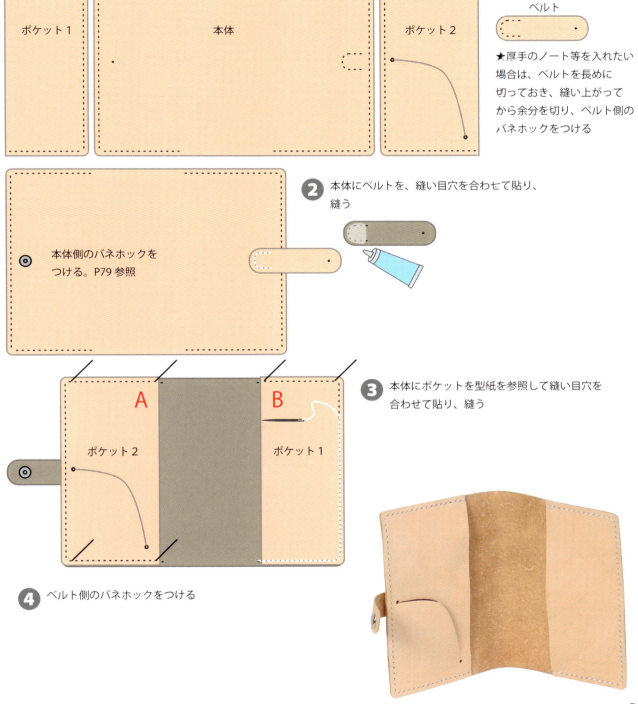

ポケット1

本体

ポケット2

ベルト

★厚手のノート等を入れたい
場合は、ベルトを長めに
切っておき、縫い上がって
から余分を切り、ベルト側の
バネホックをつける

本体側のバネホックを
つける。P79参照

2 本体にベルトを、縫い目穴を合わせて貼り、
縫う

3 本体にポケットを型紙を参照して縫い目穴を
合わせて貼り、縫う

A   B

ポケット2   ポケット1

4 ベルト側のバネホックをつける

それぞれ閉じると
こんな感じに

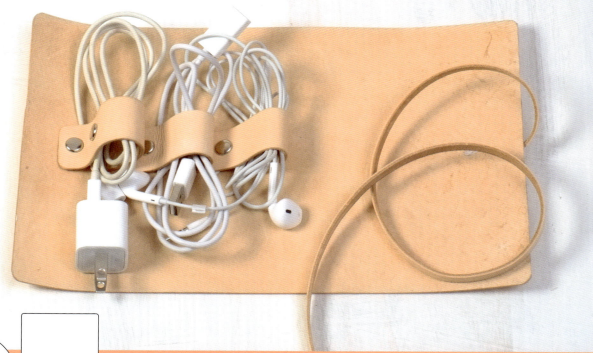

pattern

pattern

2枚合わせ

1枚仕立て

イヤフォンとコードのケース　革=厚さ 1.8mm

イヤフォンケースは、内側のベルトでイヤフォンをとめて、収納。
コードケースは、ベルトでとめて巻くタイプです

HOW TO MAKE

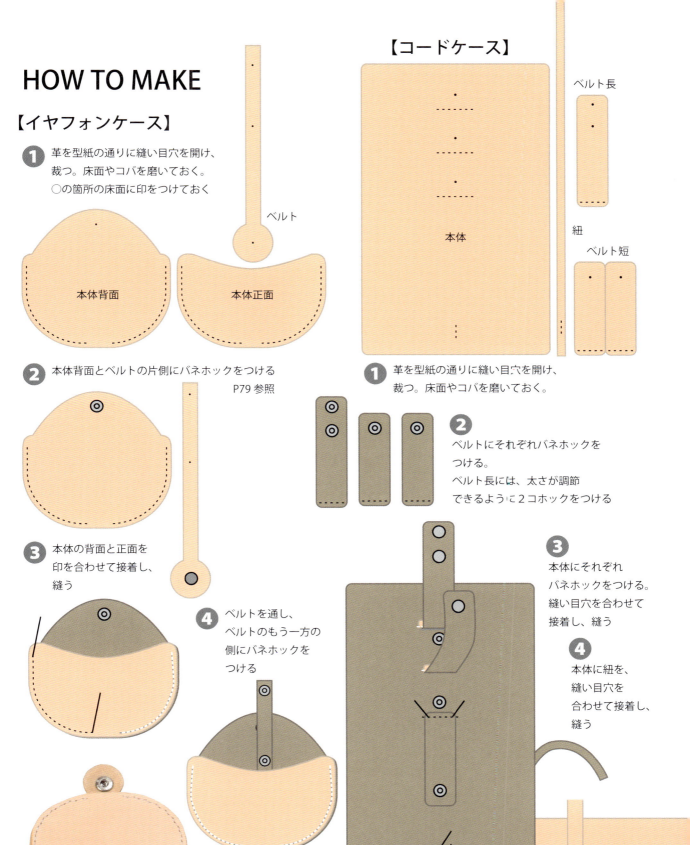

【イヤフォンケース】

1 革を型紙の通りに縫い目穴を開け、裁つ。床面やコバを磨いておく。◯の箇所の床面に印をつけておく

ベルト

本体背面

本体正面

2 本体背面とベルトの片側にバネホックをつける
P79 参照

3 本体の背面と正面を印を合わせて接着し、縫う

4 ベルトを通し、ベルトのもう一方の側にバネホックをつける

【コードケース】

ベルト長

紐

本体

ベルト短

1 革を型紙の通りに縫い目穴を開け、裁つ。床面やコバを磨いておく。

2 ベルトにそれぞれバネホックをつける。ベルト長には、太さが調節できるように2コホックをつける

3 本体にそれぞれバネホックをつける。縫い目穴を合わせて接着し、縫う

4 本体に紐を、縫い目穴を合わせて接着し、縫う

27

バッグの背面です

2枚合わせ

pattern

マスクのバッグ　革＝厚さ 1.8mm　オイルレザーとヌメ

ちょっとお茶目な、レスラーの覆面風のバッグです。オイルレザーにヌメを
アップリケしました。

HOW TO MAKE

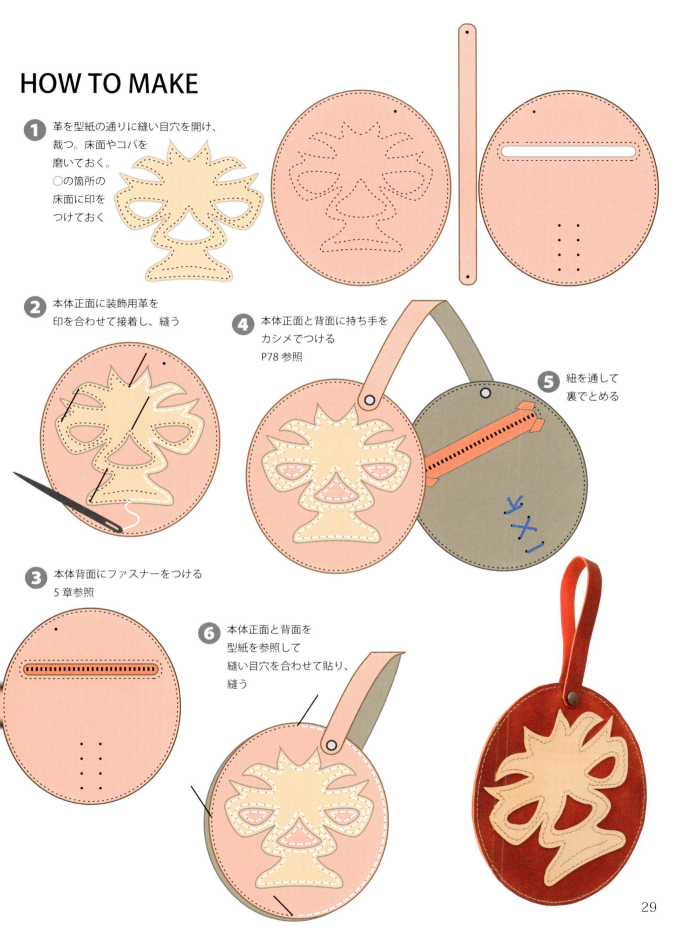

1 革を型紙の通りに縫い目穴を開け、
裁つ。床面やコバを
磨いておく。
○の箇所の
床面に印を
つけておく

2 本体正面に装飾用革を
印を合わせて接着し、縫う

3 本体背面にファスナーをつける
5章参照

4 本体正面と背面に持ち手を
カシメでつける
P78 参照

5 紐を通して
裏でとめる

6 本体正面と背面を
型紙を参照して
縫い目穴を合わせて貼り、
縫う

29

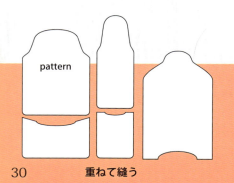

重ねて縫う

薬と絆創膏と小物用のケース

革＝厚さ1.8mmオイルレザーとヌメ
ベルトや切り込みでフラップをとめるタイプの、
簡単でシンプルなケースです。　■作り方 5章に掲載

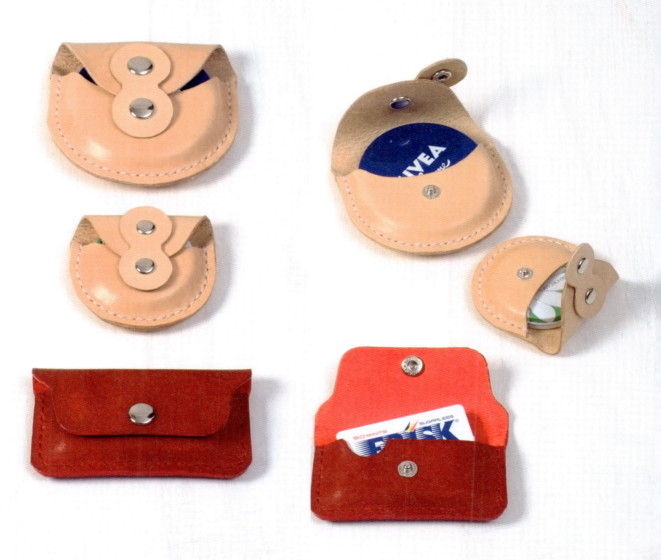

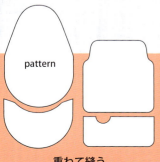

pattern

重ねて縫う

クリーム缶とお菓子のケース　　革=厚さ 1.8mm　オイルレザーとヌメ

2枚の革を重ねて縫っただけですが、湿らせて少し厚みのある物を入れて革を伸ばし、
そのまま乾かすと、革はその形を覚えます。革クラフトならではの面白さです

■作り方 5章に掲載

pattern

2枚合わせ

封筒型書類入れ　　革＝厚さ1mm

書類を入れる紙の封筒のように、紐でフラップをとめるタイプの袋です。
薄手の革なので、使い込むうちに柔らかくなじんできます

HOW TO MAKE

紐どめの革

紐どめの革は、2枚合わせにしてから
縫い目穴を開ける。P127 参照

① 革を型紙の通りに縫い目穴を開け、
裁つ。床面やコバを磨いておく。
○の箇所の床面に印をつけておく

本体正面

本体背面

③ 本体正面と背面を
型紙を参照して
縫い目穴を
合わせて縫う

② 本体正面と背面に紐どめの革を
縫い目穴を合わせて縫う。紐どめの革は、
接着はしない

本体背面は、穴に紐を通し、
床面側で紐をまたぐように縫い、
紐先を接着する

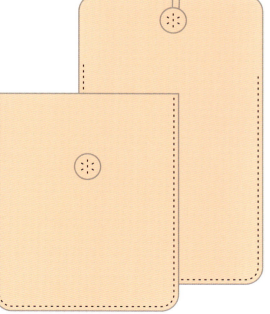

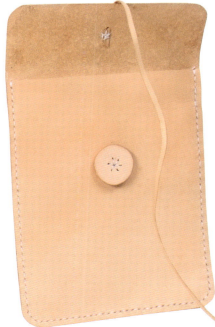

33

pattern

2枚合わせ

シンプルクラッチバッグ　革=厚さ 1.8mm　**AGING**

2枚合わせに革を縫っただけですが、なかなかしっかりしたバッグが作れます。
大きな革が必要になるので、フラップは別パーツにしました

HOW TO MAKE

1 革を型紙の通りに縫い目穴を開け、
裁つ。床面やコバを磨いておく。
○の箇所の床面に印をつけておく

本体正面

フラップ

本体背面

3 本体背面にフラップを型紙を参照して
縫い目穴を合わせて接着し、縫う

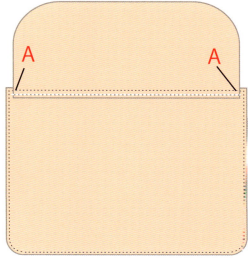

A   A

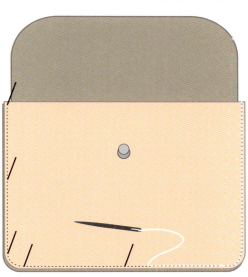

4 本体背面と正面を
縫い目穴を合わせて
接着し、縫う

2 本体正面にギボシを
つける
P80 参照

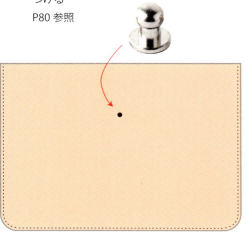

5 ギボシ穴を位置を確認して開ける。穴位置は、
縫製後仕上げ（P135 参照）をして物を入れて
みてから決めると
よい
P81 参照

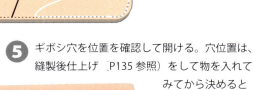

★この作品では、
入れるものによって
調節がきくように
ギボシ穴を 2 箇所
開けています

35

pattern

底を畳む

ファスナーポーチとペンケース　革＝厚さ1.8mm

ファスナーで開閉するポーチとペンケースです。底を畳んでマチを作ります。
製作手順は2点共同じです。

HOW TO MAKE

【ペンケース】

1 革を型紙の通りに縫い目穴を開け、裁つ。床面やコバを磨いておく。○の箇所の床面に印をつけておく

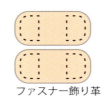

ファスナー飾り革

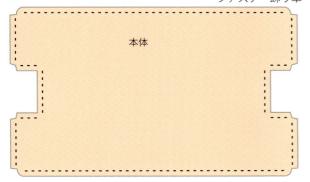

本体

2 ファスナーをつける。5章参照

3 両脇をそれぞれ、縫い代を被せ、縫い目穴を合わせて接着し、縫う

★同じ型紙を使い、厚さ1mmの革を中表に縫うと、このような出来上がりになります。P72参照

5 ファスナー飾り革に接着剤を塗る

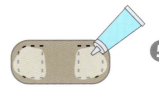

ファスナーの端を畳む

ファスナーをはさみ半分に畳む

縫い目穴を合わせて貼り、縫う

4 底マチを畳み、型紙を参照し、縫い代を合わせて接着し、縫う。（写真は、ファスナーポーチ）

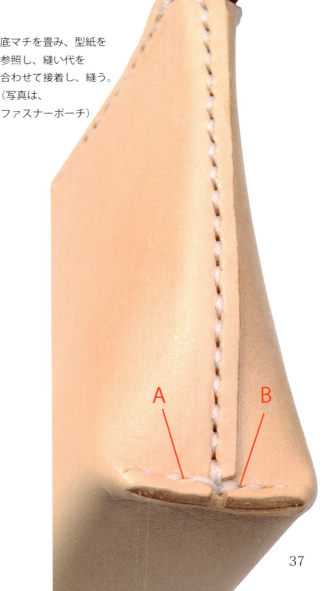

A

B

pattern

底を畳む

縦長トートバッグ 革＝厚さ 1mm AGING

底を畳むマチのトートバッグですが、薄手の革を使って中表に合わせて縫い、表に返しているので、
やさしい感じの仕上がりです。

HOW TO MAKE

1 革を型紙の通りに縫い目穴を開け、
裁つ。床面やコバを磨いておく。
○の箇所の床面に印をつけておく

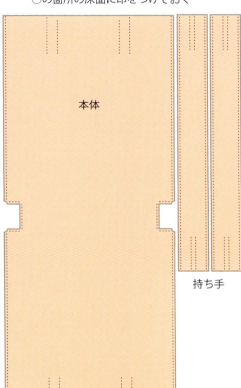

本体

持ち手

2 持ち手を、縫い代に接着剤をつけ
型紙を参照し、縫い目穴を
合わせて貼り、
A の手前まで縫う

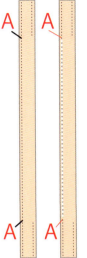

A A

A A

3 持ち手を、
本体に、
型紙を参照して
縫い目穴を
合わせて接着し、
縫う

A

4 本体を中表に畳む。側面を、
縫い目穴を合わせて接着し、
縫う。

底を型紙を参照して
縫い目穴を合わせて接着し、
縫う

B

C

5 表に返す。P72 参照

pattern

底を畳むショルダーバッグ 革=厚さ1.8mm `AGING`

底を畳むので、入れ口側は平たくなって下細りの台形になります。それを緩和するために、
入れ口側の型紙を斜めに削ってみました。 ■作り方 5章に掲載

detail

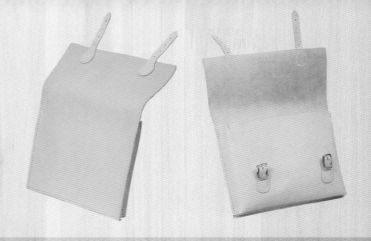

pattern

箱型のクラッチバッグ　革=厚さ 1.8mm　**AGING**

まるで紙箱を作るときのように、革の周囲を直角に折り曲げて縫います。
これは、大きなバッグですが、次ページからの小物も同じ作りです

HOW TO MAKE

1 革を型紙の通りに縫い目穴を開け、裁つ。
床面やコバを磨いておく。○の箇所の床面に
印をつけておく

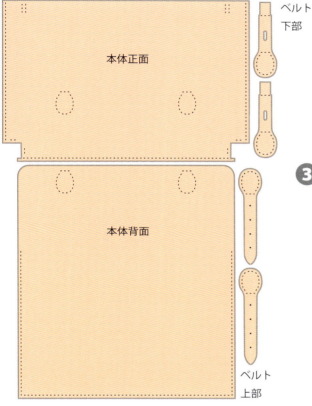

ベルト
下部

ベルト
上部

本体正面

本体背面

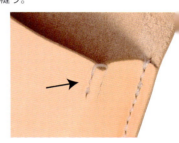

本体背面

本体正面

①

②

C   C

3 本体背面に正面をつける。型紙を参照して
①底側を縫い目穴を合わせて貼り、縫う。
革を湿らせて、マチをしっかり畳む。縫い代を銀面側に畳む。
②側面を縫い目穴を合わせて貼り、縫う。

4 本体正面の入れ口を
革を湿らせて折り、
縫い目穴を
合わせて縫う

2 本体正面にベルト下部を、本体背面にベルト上部を
縫い目穴を合わせて接着し、縫う。P82 参照

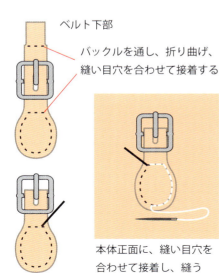

ベルト下部

バックルを通し、折り曲げ、
縫い目穴を合わせて接着する

ベルト上部

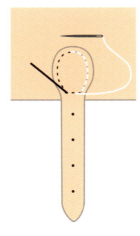

本体正面に、縫い目穴を
合わせて接着し、縫う

5 本体正面下部の角を、
縫い目穴を合わせて
縫う

43

pattern

箱形に組み立てる

箱型 USB・ペン・名刺ケース　革＝厚さ 1.8mm　オイルレザーとヌメ

小さな USB ケースやペンケース、名刺ケース全て 42 ページと同じ構造です。

■ 作り方 5 章に掲載

pattern

箱形に組み立てる

サイズはスマートフォンのサイズに合わせて調整してください。

箱型スマートフォンケース　革＝厚さ1.8mm　オイルレザーとヌメ

赤のケースはギボシどめでベルト通しをつけたもの。ヌメのケースは、革を挿してとめるタイプで、
バッグ等に掛けられるストラップつきです　■作り方 5章に掲載

45

pattern

ダーツを入れる

ダーツ入りのポーチ 革＝厚さ 1.4mm AGING

切り込みを入れた箇所を縫い合わせる、ダーツの入ったバッグです。
マチを畳んで作るより優しいイメージの仕上がりになります

HOW TO MAKE

1 革を型紙の通りに縫い目穴を開け、裁つ。
床面やコバを磨いておく。○の箇所の床面に
印をつけておく

補強革

接着剤を塗る

接着し、縫う

本体正面

本体背面

2 本体背面に補強革を縫い目穴を
合わせて接着し、縫う。
差し込み錠前をつける。P81 参照

3 本体正面に差し込み錠前の
相手側をつける

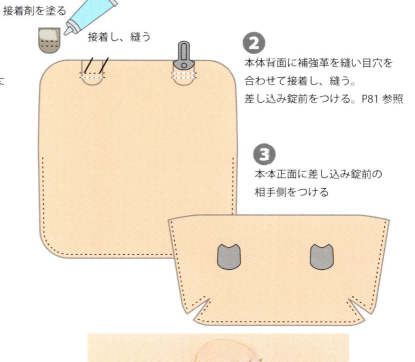

4 本体正面のダーツを革のコバを合わせて
クロスに縫う。P75 参照

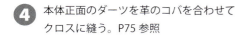

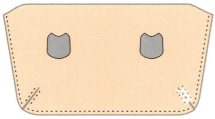

5 本体の正面と背面を、型紙を参照して印を合わせて接着し、縫う

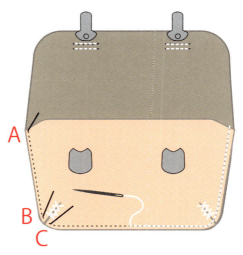

A

B

C

47

pattern

48   変形の型紙

メガネと小物用のケース　　革＝厚さ 1.8mm

1 枚の革を折りたたんで作るのですが、折った片側が大きいので、

縫い目穴を合わせて縫うとぷっくりした形になります。　　■作り方 5 章に掲載

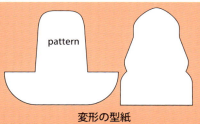

マチを畳む小さなポーチ　革＝厚さ 1.8mm

左ページより極端な変形の型紙です。ギャザーを寄せて膨らみを出します

■ 作り方 5 章に掲載

pattern

変形の型紙

ペットボトルホルダー 革＝厚さ 1.8mm AGING

底が丸い変形の型紙から作ります。底マチが別になった型紙のものと比べ縫い目穴が
合わせやすいです。側面は縫い代が平らになるように、野球ボールのように縫っています

HOW TO MAKE

❶ 革を型紙の通りに縫い目穴を開け、裁つ。床面や
コバを磨いておく。○の箇所の床面に印をつけておく

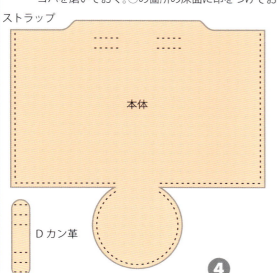

ストラップ

本体

Dカン革

❷ Dカン革にDカンを通し、折り曲げ、接着する。
ストラップにナスカンを通し、折り曲げ、
接着する。P82参照
それぞれ、本体に接着し、縫う

❹ 本体の底を湿らせて縫い代を銀面側に折る。
型紙を参照して、縫い目穴を合わせ、
接着し、縫う

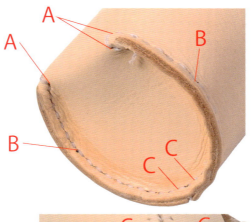

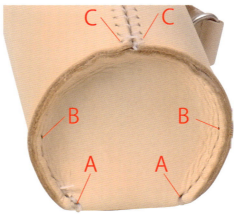

❸
本体の側面をコバで
合わせ、
縫い目穴を合わせて
糸で数カ所仮どめする。
野球ボール縫いする
P75参照

CHAPTER 2

2章　革の種類
染色・装飾
金具つけ

革クラフト製作の応用編です。
ヌメ革は、加工の幅がとても広い革です。
いろいろに工夫して、オリジナルデザインの可能性を進化させてください。

革クラフトにポピュラーに使用する金具のつけ方も
掲載しました。参考にしてください。

染料や仕上げ剤等は、いろいろなタイプのものがあります。
ここで紹介したものを使用する際にも、
商品の説明書をよく読んでから使ってください。

いろいろなヌメ革

成牛、仔牛、とその他の動物の革

すべて同じ型紙から作りました。いろいろな革の表情の違いを見てください。
それぞれ質感や柔らかさ等が違いますが、魅力的な革です。
本書の型紙の中で特に、錠やギボシのようなしっかりした金具を
使っていない、ファスナー使いのものやシンプルなもの、中表で縫って
作るデザインには、成牛の革以外で作っても面白いものがたくさんあります。
チャレンジしてみてください。　■作り方 5章に掲載

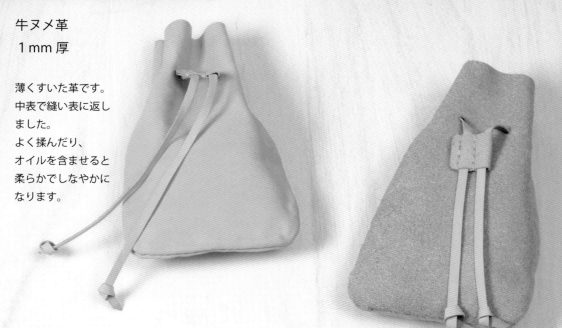

牛ヌメ革
1mm 厚

薄くすいた革です。
中表で縫い表に返し
ました。
よく揉んだり、
オイルを含ませると
柔らかでしなやかに
なります。

牛ヌメ革
1.8mm 厚

本書でバッグ等にも使っている
しっかりした革です。
巾着型にはやや厚い
革ですが、使い込むうちに
なじんで柔らかくなっていきます。

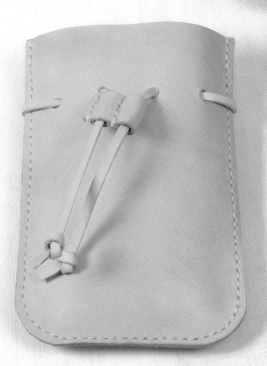

牛ヌメ革 1mm 厚
床面を表にして使用

床面は、ザラつきがあり、
革の繊維がはがれて
しまうこともありますが、
面白い表情をもっています。

鹿ヌメ革
ディアースキン

とても軽く、しなやかですが、
しっかりした丈夫な革です。

羊ヌメ革
シープスキン

衣料にも使われる、
柔らかくしなやかな革です。

仔牛ヌメ革
カーフ

生後 6 カ月以内の仔牛の革。
成牛のものより
小さく、
きめが細かくやわらかい革です。

ヤギヌメ革
ゴート

繊維が緻密で丈夫な革です。
グレージング加工（銀面にガラスや金属等のローラーで
強い圧力をかけ摩擦し、表面にツヤを出す仕上げ方法）
をしたものなので、ハリがあります。

55

液体染料の染色

ヌメ革の中でもタンローは、革色が淡く染料をよく含むので
染色に最適な革です。色鮮やかに染まります。
粗裁ちした（縫製前の）革を、液体染料を使って染めます。
広い面積を均一に染めるのは難しいので、
小さめの作品に向いています。

染色した革で製作したネームタグ。　■作り方 5 章に掲載

染料

ローパスバチック
発色がよく、染めつきも丈夫な
皮革用染料です。
混色が自由で水で薄められ、
取り扱いも簡単です。

 染色の際は、テーブルが汚れないように、
ビニール等を敷いておく。手や衣類も染まって
しまうので、気をつける。使用後の筆や用具は、
よく洗っておく

1 乾いた革は、液体染料の吸収が早いので、色ムラが
出ないようにするために、革に軽く水分を含ませておく。
淡い色に染めたい場合は、やや水を多めに含ませる

2 紙コップ等に染料を入れ、筆やハケで塗る。
隙間を開けないように塗っていく

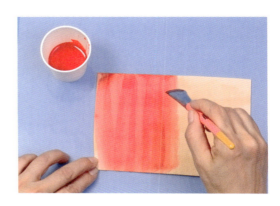

3 縦横に方向を変えながら、均一になるように塗る。
革が水分を含みすぎてびしょびしょになると染料が
吸収できなくなる。その場合は、ティッシュ等で
水分を吸い取りしばらくおいてから塗る

 染めた革の上から、別色で柄を描くこともできる。

 本裁ちしてから、コバを塗る際は、
染料が染み込みすぎないよう、
綿棒等に染料を軽く染み込ませて塗り、
トコノールで磨いておく

 乾燥後は、レザーフィックスを塗り仕上げる。
表面をコートする力は、レザーフィックスより劣るが、
自然な革の風合いを残すために、
ピュアホースオイルを塗って仕上げることもできる

レザーフィックス
革の風合いを損なわずに、色止めから仕上げ
までできる、栭水性、耐磨耗性に優れた水性の
仕上げ剤です。原液または、水で薄めた液を
ハケで塗ります。乾燥時間の目安は30分です。
（完全乾燥には1日乾燥させてください）

革の藍染

藍染の藍色は、「ジャパンブルー」とも呼ばれるように
古くから日本人の生活の中で愛されてきました。
本書では、均一に染める方法ではなく、かなり荒っぽい方法ですが、
縫製済みの作品を染めることで、
作品に藍染めの素朴な仕上がり感を生かそうと思います。

ペンケース2種。上のものは、「ファスナーペンケース」P36を染めました。下は、作り方5章に掲載

染料

紺屋藍

本藍染が手軽に楽しめる染料セットです。
マニュアルつきで、手軽に本格的な藍染が出来ます。
※表面加工してある革は染まりません。
※ファスナー等の布がポリエステル等の化学繊維は、
は染まりません。

【ご使用前に】

製品を浸し染めするので、色ムラが出ます。
藍色の色味や濃さ等は、思い通りに確実に染めることはできません。
また、革に含まれるタンニンのせいで、茶色いシミが出ることがあります。
革の藍染は、色ムラも含め自然な仕上がりというふうに理解してください。
ファスナーの綿布も染まります。

染色前にワックス等を使用していると藍染液の水分をはじいて
しまうのできれいに染まりません。
トコノールを塗った部分も薄くしか染まりません。

浸し染めなので、袋物の場合は内側の床面も
染まってしまいます。
床面の革の繊維がはげおちて中のものについたり、
薄色のハンカチ等を汚してしまうことがあります。
（仕上げの際、床面にトコノールを塗っておくと、
多少改善できます）

なるべく床面が染まらないように工夫して染めましょう。
ファスナーどめのペンケース等は、
ファスナーを閉じて染めると
床面が多少は染まりにくいです。

藍染によるストレスと共に、
革を一旦びしょびしょに濡らしてしまうことになるので、
革にダメージが加わります。１mm程度の厚さの革や
細い革紐は、切れやすくなることがあります。
また、染色後そのまま放置すると革が縮んでしまいます。
革の水分を取る際は、縮みを少なくするために、
作品の中にタオル等の詰め物をしっかり入れおきます。

「ペットボトルホルダー」**P50** を染めました

1 説明書に従って藍染液を作る。
革の作品は、仕上げ剤やオイルを塗っていないものを使う

2 藍染液に革を静かに入れ10秒ほど浸してから取り出し、空気にさらす。

空気に藍が触れることで、緑色から藍色に変化します。ただし、革自体も水を含んで色が濃く見えているので、染め上がりの色味は勘でイメージすることしかできません。作品を染める前に端革で染まり具合を確認してください。

濃い場合は、藍染液を水で薄めて使います。染まった革の青みが浅いと思ったら再度2の工程を繰り返します。

3 濃淡の段染めにしたい場合は、再度 2 で染めた部分の
途中まで藍に浸す

4 酸通しして藍を中和させる。容器に水 1 リットルに対し
酢 20cc の割合で液を作り攪拌する。染めた革を
1 分間浸し、すぐに水道水を流しながら手早くスポンジで
やさしくこすり洗う

5 洗った革の水分を取る。
手早く古タオル等を内側に詰め
外側からも古タオルでくるんで
よく押さえ、水分をしっかり
タオルに吸わせる。

生乾きの状態で
ピュアホースオイルを塗り
革をもんで柔らかくする。
数日、オイルを塗る、
革を揉む、を繰り返すと
革のしなやかさが蘇る。

オイルを塗らずに、
完全に乾くまで放置すると、
革がゴワゴワになってしまう
ので注意

しっかりと色どめしたい場合は、
オイルを塗ってから 1 日おいて
レザーフィックスを塗る

ペースト染料の
染色

意図的に経年変化や使い込んだ革製品の雰囲気をかもすことのできる
染色です。

上から「ダーツ入りのポーチ」P46、「メガネケースと小物のケース」P48 を染めました

染料

カービングダイアンティーク・カービングダイクリア

伸びが良く塗り易く、ムラになりにくいワックスタイプの
皮革用ペースト染料です。
カービングダイアンティークは、
深みのある色合いで、地色を濃く染めたいときに使用します。
カービングダイクリアは、
染色とサビ入れが同時に出来、凹部分が濃く染まります。
色落ちを防ぐためには、レザーフィックスなどを塗って仕上げます

カービングダイアンティークを使用　　　　カービングダイクリアを使用

左は「イヤフォンケース」P26、右は「基本のペンケース」P115 を染めました

使い込んだ革製品のイメージに近づけるために

染色前に
革を湿らせて
よく揉み、
形をくずしていく。

厚い革の場合は、
一旦古タオル等を
詰めて不要なシワが
入るのを防いでから、
ピュアホースオイル等を
塗り込み揉む。
革が柔らかくなったら、
タオルを外し、再度揉む

染色前

「ダーツ入りのポーチ」P46

1 軽く湿らせた革に柔らかい古布等にカービングダイをつけて塗る

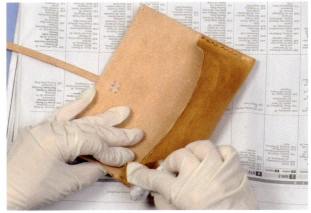

2 ダメージ感を出すためには、曲面部分等にかるく
ヤスリをかけ銀面にダメージを加える

染色済み

フラップ等は、
反り返らせながら
染めていくと
使用感が出る

底の曲面の箇所には
軽くヤスリをかけてから
染料を擦り込む

バッグの角や
縫い目にも
しっかりと
カービングダイを
染み込むように
塗り、
こすってなじませる

3 ヤスリをかけた部分にカービングダイをたっぷりつけ
擦り込むようにこする

4 コバにもカービングダイを擦り込む

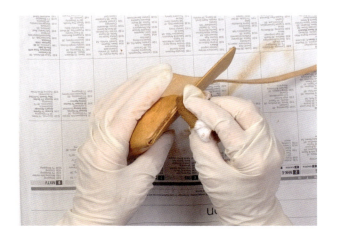

5 より濃い色にしたい部分には、繰り返し塗る

65

マーカーペンの着色

マーカーペンは、手軽に小物に着色でき、色も豊富です。
■ チャームの作り方 5章に掲載

1 軽く湿らせた革にコピーした図案を乗せて
ドラフティングテープでとめる。
インクの出なくなったボールペン等を使って
図案をしっかりとなぞる

2 水分を含んだ革の銀面は、キズがつきやすいので
図案がスジとして残る。このスジは革が乾いた後も
そのまま残る。

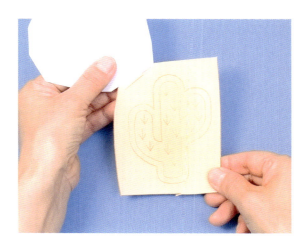

3 革が乾いたら、布書き用サインペンで着色する。
多色使いの場合は、淡い色から濃い色へと塗り進む

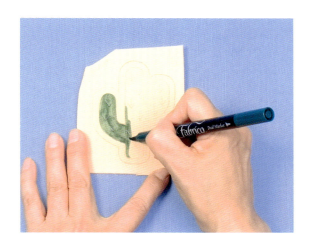

4 耐水性インクのボールペンで輪郭線を描く

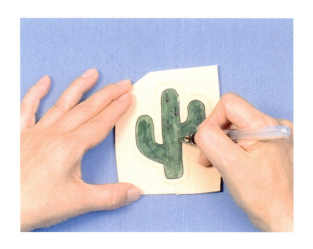

乾くと耐水性になるインクのボールペン

ファブリコマーカー
水性顔料系インクのマーカー
布に描けるマーカーですが、ヌメ革にも使えます。
表面をコーティングする必要は、ありません。
かるくドライヤーの温風をかけるとより強く定着します。
着色後、仕上げ剤等を使いたい場合は、
端革に着色し、試してから使ってください。

コバの着色

コバの着色剤は色が豊富でかわいい色が多いので、キーホルダー等の小物に最適。

■アルファベット
キーホルダーの
作り方 5章に掲載

コバスーパー

水性アクリル樹脂系のコバの着色仕上げ剤。
コバを磨いてから塗ると綺麗な艶が出ます。
水に濡れても色落ちせず にコバを保護します。

コバをトコノールで磨いておく。
コバスーパーを楊枝や割り箸等につけて
塗る

作品にロゴや柄を入れたいときは、ラバースタンプが簡単です。
かすれた感じの捺印はヌメ革製品によく似合います。

★ラバースタンプは、革が平らでないと
うまく押せません。なるべく縫製前に
スタンプしてください

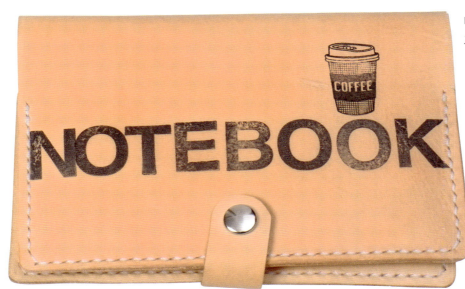

「手帳カバー」P32 に
スタンプを押しました

ステイズオン
革に押せるスタンプインクです。
耐水性なので、表面をコーティングする必要はありません。
染色のように色を吸収するのではなく、革の表面に付着している状態なので、
こすれにより落ちることがあります。捺印後、オイルや仕上げ剤を塗りたい
場合は、色落ちすることがあるので、端革に捺印し、試してから使ってください。

文字の上下を揃えて捺印したい場合は、
本や箱等を当ててガイドにしながら押すと
きれいに押せます

刻印を打つ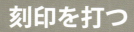

革クラフト用の金属刻印を使って装飾を入れます。

■革貼りのクリップ
作り方 5章に掲載

革を湿らせ、ゴム版に乗せて刻印を打つ。
刻印は、垂直に立てて、木槌でたたく。
写真のクリップは、刻印を入れた後、接着剤で金属クリップに貼りました

ゴム版

革に描くステンシルです。

ペイントテックス
樹脂顔料系の絵の具です。
描くだけで丈夫に染まります。
染料に近い透明な染め上がりです。

染色のように色を吸収するのではなく、
革の表面に絵の具が付着している
状態なので、こすれにより落ちる
ことがあります

★ステンシルは、平らな革の方が
入れやすいので、縫製前に入れます

■平たいポーチ作り方 5章に掲載

1
ステンシル型を作る。
図案にクリアファイル等のフィルムを
固定し、油性ペンで写す。
図案を外して、カッターで切り抜く。
滑りやすいので注意してカットすること

2
革に型を乗せ、ずれないようにドラフティングテープ等で固定する。
布をまとめてタンポのようにし、ペイントテックスをつけ軽く新聞紙の上等で
なじませる。型の上から叩くように塗る。

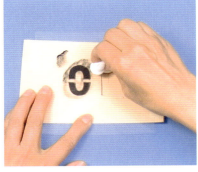

革を中表に縫って返す

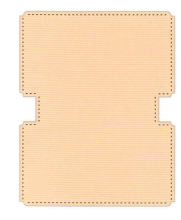

この型紙の革を
中表に合わせ、床面を表にして
縫いました。
■作り方 5章に掲載

1mm程度の薄手の革を使います。張りのあるごわついた革がしんなり柔らかくなる感じを楽しんでください。

縫い上がり

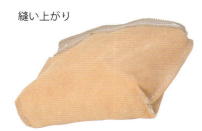

★床面にトコノールを塗ると
革がやや硬めになるので塗らずに縫う
★接着剤が縫い代の内側に
はみ出ないよう注意
★革が薄いので1本針で並縫いし、
糸を引きすぎないよう気をつける

角の部分に
切り込みを入れて
おくと綺麗に返せる

1 銀面（内側）にピュアホースオイルを塗る

2 革をよく揉んで柔らかくする。オイルを薄く塗って揉む、を数日繰り返すとより柔らかくなる

3 ゆっくり丁寧に表に返す

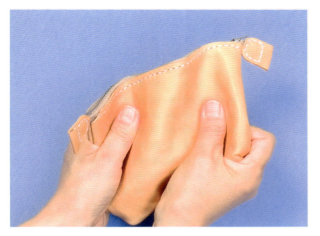

4 再度ピュアホースオイルを塗ってよく揉む。
ピュアホースオイルは、一度にたっぷり塗るより、
少量ずつ数日かけて塗り足す方がよくなじむ

5 革が柔らかくなったら、床面にトコノールを塗っておく

完成

AGING
20日ほど窓辺に置いて日焼けさせながらオイルを塗り込んでいくと、このようになります。
★革を返す場合、部位や厚さによっては、シワの残ることがあります

縫い糸の太さと
仕上がり感

革の手縫い用の麻糸。
ロウを引いてから使うタイプ
です。
いろいろな太さがあります。
作品のイメージに合わせて
使い分けてください。
本書では、中細糸を使用しています

太

中細

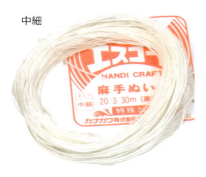

細

太　　　　　　中細　　　　　　細

被せて縫う
一本針で縫う

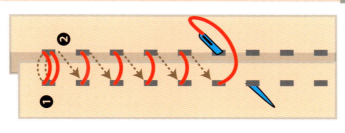

❶はじめの縫い目穴は、隣に通す。同じところを2回縫う

❷針を裏側に通し斜めの下の縫い目穴から表に出す

野球ボール
二本針で縫う

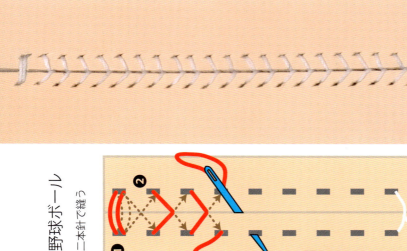

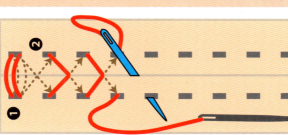

仮どめ

革のコバを合わせて縫う。距離の長いものは、数カ所仮どめしておくと縫い進めやすい

❶はじめの縫い目穴は、隣に通す。同じところを2回縫う

❷表に出した針を、革の隙間から裏側に通す。斜めの下の穴から表に出す。一段ずつ左右の針を進め、糸を均等に引く

★糸の長さは、縫う距離の約7倍

★左右どちらかの糸が常に上になるように縫うときれいな縫い目になる

クロス
二本針で縫う

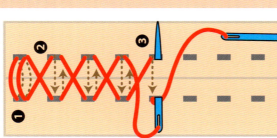

仮どめ

革のコバを合わせて縫う。距離の長いものは、数カ所仮どめしておくと縫い進めやすい

❶はじめの縫い目穴は、隣に通す。同じところを2回縫う

❷表に出した針を、斜めに刺す。

❸裏側の穴の穴に通し、表に出す。一段ずつ左右の針を進め、糸を均等に引く

★糸の長さは、縫う距離の約7倍

★左右どちらかの糸が常に上になるように縫うときれいな縫い目になる

金具つけ

カシメやホック等、革クラフトで使用する金具のつけ方です。
マグネや錠は、いろいろな構造のものがありますが、
一般的なものを選びました。
ハトメ抜きや打ち棒は必ず垂直に立てて使いましょう。
金具つけはやり直しができないので、端革で練習することをお勧めします

穴開け

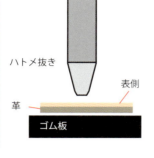

ハトメ抜きは、革にきれいな丸穴を
開けるための道具です。
いろいろなサイズがあります。
穴開けは、基本的に
銀面側から開けます。

1 目打ちの印に合わせて
ハトメ抜きを革に乗せる

2 ハトメ抜きを垂直に立てて
木槌で打つ

ハトメ抜きサイズ表

牛革レースや金具用に穴を開けるときの目安にしてください。穴サイズは実物大です。

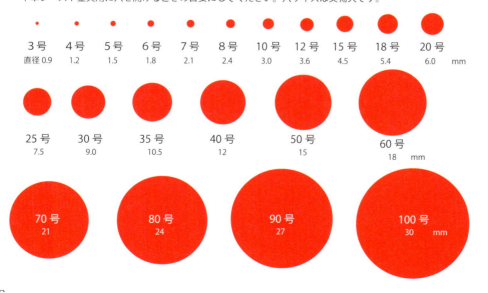

3号	4号	5号	6号	7号	8号	10号	12号	15号	18号	20号
直径 0.9	1.2	1.5	1.8	2.1	2.4	3.0	3.6	4.5	5.4	6.0 mm

25号	30号	35号	40号	50号	60号
7.5	9.0	10.5	12	15	18 mm

70号	80号	90号	100号
21	24	27	30 mm

ハトメ抜き　打ち台　打棒

打棒

裏側

革

打ち台

ゴム板

ハトメ

ハトメ抜きと打ち具は、
金具のサイズに合うものを使う

1 打ち台に足のあるパーツ
を溝に合わせて乗せる

2 ハトメ抜きで穴開けした
革を裏面を上にして被せ
座（平たいパーツ）を
乗せる

3 打ち棒を垂直に立てて、木槌で打つ。
打ち棒をすこしづつ回転させながら打つと
傾かずに、きれいに打てる

	#200	#300	#500	#23	#25	#28	#30
ハトメサイズ	7.7	9.0	11.5	16	19	25	28　mm
ハトメ抜きサイズ	12号	15号	20号	30号	30号	40号	50号
ハトメ打ちセット	#200	#300	#500	#23 #25	#23 #25	#40	#30

カシメ

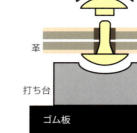

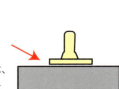

足の長さは、いろいろあります。
革が厚い場合は、
足長を使用します。

底が平らな
カシメの場合は、
打ち台も平らな
側を使います

2枚以上の革を固定する
ために使います。

ハトメ抜きと打ち具は、
金具のサイズに
合うものを使う

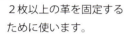

ハトメ抜き　打棒　打ち台
（メタルプレート）

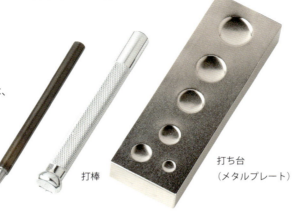

1 打ち台のカシメサイズに合う
位置に足のあるパーツを乗せる

2 ハトメ抜きで穴開けした革を被せる。
もう一方のパーツを足にはめる

3
打ち台の位置がずれていないか確認し、
打ち棒を垂直に立て木槌で打つ

《特大》
特大カシメ打ち棒を使用

 　足短

12.5mm

 　足長

● 10号

《大》
大カシメ打ち棒を使用

 足短

9mm

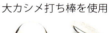 足長

● 8号

《小》
小カシメ打ち棒を使用

 　足短

6mm

　足長

● 7号

《極小》
極小カシメ打ち棒を使用

 足短

4.6mm

● 6号

ハトメ抜きサイズ　●

《No.8050　特大》
バネホック打ち棒 8050 を使用

凹側

A　　　B

15mm

🔴 25 号

凸側

C　　　D

🔴 15 号

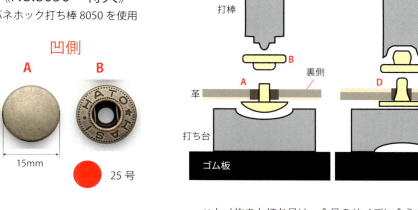

凹側　　　　　　凸側

打棒

B

A　　裏側

革

打ち台

ゴム板

C

D　　表側

ハトメ抜きと打ち具は、金具のサイズに合うものを使う

バネホック

打棒

ハトメ抜き

打ち台
（メタルプレート）

《No.5　大》
バネホック打ち棒 No.5 を使用

12.6mm

🔴 18 号

🔴 10 号

《No.2　小》
バネホック打ち棒 No.2 を使用

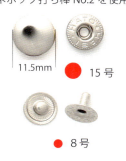

11.5mm

🔴 15 号

🔴 8 号

ハトメ抜きサイズ 🔴

凹側

1 打ち台のホックの頭 A のサイズに
合った位置に A を乗せハトメ抜きで
穴開けした革を被せ、B を乗せる

針金

bag

2 針金をつぶさないように溝を合わせ、
打棒で軽く打ってから B の針金が
バッグの開閉の向きと垂直になる
ように調節し、再度しっかり叩く

凸側

1 打ち台の平たい側に D を乗せ
ハトメ抜きで穴開けした革を被せる

2 C を乗せて打棒の溝を合わせ、
しっかり叩く

マグネ

足折り式

マグネットでとめる
金具です。
いろいろなサイズ
材質があります。

足は、作品や足の長さに
よって、内折りした方が
よい場合もあります

1 マグネの足を銀面のつけ位置に
押しつけ跡をつける

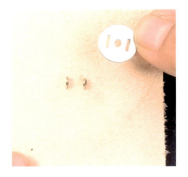

2 カッターで溝を切り金具の足を
通して座金を乗せる

3 ラジオペンチ等で足を曲げる

4 木槌で叩いて足を平らにする

ギボシ

ネジ式

丸い頭が飛び出した
金具です。穴を開けた
革でとめます。いろいろ
なサイズ材質があります。

1 金具位置にハトメ抜きで穴を
開け、ギボシの台座を刺す

2 反対側からギボシの頭を乗せ
ネジを締める

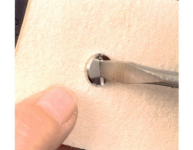

3 マイナスドライバーでしっかり
ネジを締める

4 穴側は、ハトメ抜きでギボシの軸と同程度の穴を開け、
ギボシを差し込みやすくするために、ハトメ抜きで
小さな穴を開けカッターで穴をつなぐ

【フラップ側】目打ちで金具位置に印をつけ、ハトメ抜きで穴を開ける。カシメをはめて木槌で打つ。
差し込み側を深くはめすぎると、下側金具が入りにくくなる物もあるので気をつける

【本体側】金具の足を銀面の付け位置に押しつけ跡をつける。カッターで溝を切り金具の足を
通して座金を乗せる。ラジオペンチ等で足を曲げてから、木槌で叩いて足を平らにする

中身のサイズが本書の型紙と微妙に異なる場合や、革の厚さや柔らかさ、仕上げによって
同じ型紙のものでも容量差があるので、金具つけ位置を調整した方が使いやすい場合があります。
このような手順で金具つけをすることをお勧めします。

❶本体の金具は縫製前につけておく
❷フラップ側は出来上がって物を入れてから、位置を確定する

【フラップ側の金具位置】メガネケースの場合

1
フラップに中央の線を引いた型紙を
被せてドラフティングテープでとめる

2
本体側の金具位置を確認しながら
穴位置等を決め、目打ちで印をつける

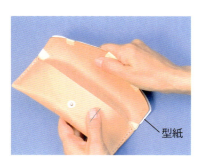

型紙

中央の線

差し込み
錠前

錠にはいろいろなサイズ、
デザインのものがあります。
セットの仕方も異なります。
これは、革クラフト用に
一般的に販売されている
もののひとつです。
薄い革につけるときは、
補強のために
革を2枚仕立てにします。

金具つけ
位置に
ついて

フラップの長さが足りなくなってしまったら。
別パーツの革を足すことで調整します。

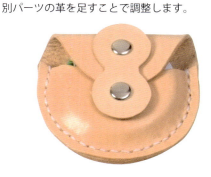

バックルと
ストラップ

布テープ使いのストラップと
腕輪と指輪。
革の長さは、指や腕に合わせて
調節してください。
厚さ1.8mmの革を
使って作りました。

【ベルトとストラップの基本構造】

ベルト穴

サル革　バックル

A

B

Dカン

Dカン

ナスカン

バックル

サル革

バックルには大まかに言うと
2つのタイプがあります。
Aはベルトの先を押さえるために、
サル革をつけます。Bは四角のタイプ。
サル革はつけなくても大丈夫です。

ストラップは、本体に直に縫いつける場合と、着脱できる
ように、本体にDカンを、ストラップにナスカンを付けて
つなぐ場合があります。
バックル部分は、四角（B）のタイプの場合でもベルト革の
反り返りを防ぐために、サル革をつけておいた方がきれいです。
ストラップの長さには、個人差があります。
ご自分のバッグを参考にして決めてください。

ストラップの作り方です。革は、型紙の通りに縫い目穴を開け、裁つ。床面やコバを磨いておきます。

【ナスカン】

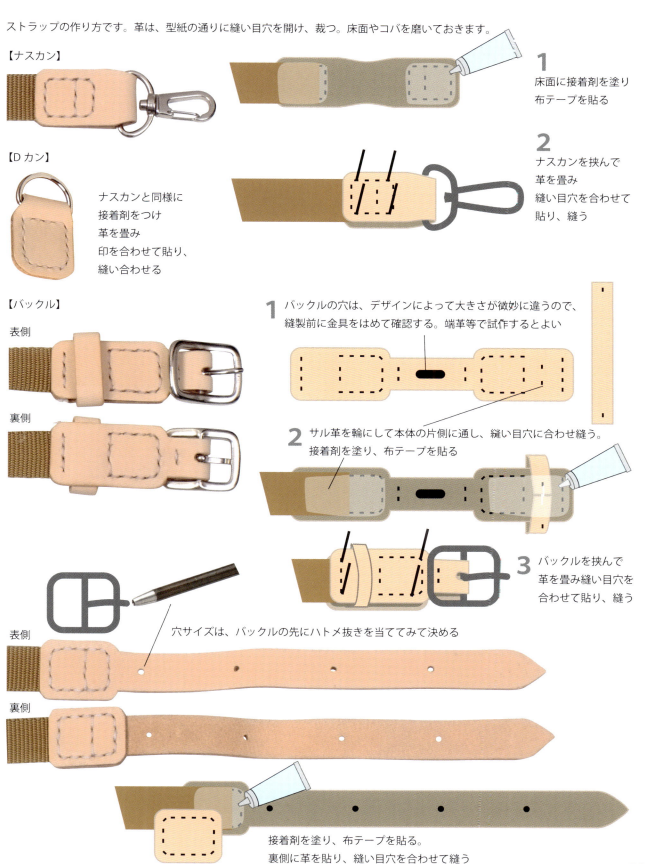

1
床面に接着剤を塗り
布テープを貼る

2
ナスカンを挟んで
革を畳み
縫い目穴を合わせて
貼り、縫う

【Dカン】

ナスカンと同様に
接着剤をつけ
革を畳み
印を合わせて貼り、
縫い合わせる

【バックル】

表側

裏側

1 バックルの穴は、デザインによって大きさが微妙に違うので、
縫製前に金具をはめて確認する。端革等で試作するとよい

2 サル革を輪にして本体の片側に通し、縫い目穴に合わせ縫う。
接着剤を塗り、布テープを貼る

3 バックルを挟んで
革を畳み縫い目穴を
合わせて貼り、縫う

表側

穴サイズは、バックルの先にハトメ抜きを当ててみて決める

裏側

接着剤を塗り、布テープを貼る。
裏側に革を貼り、縫い目穴を合わせて縫う

83

材料・用具の購入

本書の金具つけ・染色等のページは、SEIWA の資料を参考にアドバイスをいただいて製作しました

レザークラフトショップ　SEIWA

http://www.seiwa-net.jp

革クラフトは、製作を始めるために揃えなければならない用具があります。
何が作りたいかによっても、必要なものやサイズが異なります。
はじめて製作する方には特に、指導してもらえる店員のいるショップがお勧めです。

レザークラフト用品の老舗。初心者からプロにまで対応した、
革・道具・金具・染料やケミカル用品などのレザークラフト用品を
豊富に品揃えしています。

独自に研究開発した染料等のケミカル用品には
定評があり、プロにも多く愛用されています。
また、仕上げ剤の
「トコノール」や
「レザーフィックス」
などは革クラフトの
定番品です。

オリジナル工具も製作しています。
このクラフトマレット（木槌）は、
縫い目穴を開ける際、重みがかけ
やすいように設計されています

84

気軽に手縫いの革製作が楽しめる、
縫い穴あけ済みのレザーキット「make U」シリーズや
手縫いのヒントやワンポイントテクニックのガイドがついた
「KATAGAMI（型紙）」等を販売しています。

革クラフトがはじめての方には、必要な用具を迷わずに
購入できる「革手縫い工具セット」もお勧めです。
（セットの菱目打ちは、菱目4mmなので、本書の型紙から
製作する場合は、5mmをご使月ください。）

店内は、商品が種類や用途ごとに整理されていて、
革の名称や金具の取りつけ方を説明したポスターガイドは
一目でわかりやすく、初心者にも親切で買い物がしやすく
なっています。
店内にディスプレイされた店舗スタッフ自作のサンプルは、
見ているだけで参考になり作品作りのちょっとしたヒントにも。

各店ごとに誰でも手軽に楽しめるワークショップも定期的に
開催しているので、ぜひSEIWAのオフィシャルホームページで
詳細をチェックしてみてください。

【Shop & School】

SEIWA 高田馬場店　Tel.03-3364-2113（店舗）
〒161-8552 東京都新宿区下落合1-1-1（JR山手線高田馬場駅より徒歩5分）
レザークラフトでわからないことがあれば、経験豊富なスタッフが丁寧に教えて
くれるので質問や相談に行くとよい。部分的な革漉きなどは迅速に対応してくれる。

SEIWA 渋谷店　東急ハンズ渋谷店内　Tel Fax.03-3464-5668
〒150-0002 東京都渋谷区宇田川町12-18
革と合わせて使える金具やチャームなどのコーナーを広くとり、いろいろな素材を
ミックスして、レザークラフトを楽しんでもらうための提案がされている。
革は40cm幅のカット革から半裁まで、常時多数ストック。手軽にはじめたい方の
ために、小物の制作などに適した端革コーナーも充実。

SEIWA 博多店　東急ハンズ博多店内　Tel Fax.092-413-5068
〒812-0012 福岡県福岡市博多区博多駅中央街1-1 JR博多シティ
レザークラフトをファッショナブルなものとして現代風に提案をしている。定期的
に開催されているワークショップでは革小物を気軽に安価に作れるのが魅力。

85

CHAPTER 3

3章　やや複雑な構造
パーツの多いもの

1章より少し高度な作品です。
パーツつけも多く、マチも曲面や周囲につけるので、
むずかしそうに見えますが、
プロセスの順にパーツをつけていけば完成です。
ポイントは、マチをきれいに縫製することです

**4章「革クラフトの基礎」を
参照して、作ります**

1章の「HOW TO MAKE」は、
作り方の手順です。

★ 縫い目穴の目数や印位置は、必ず
　型紙で確認してください

★ 接着の仕方や、縫いはじめの位置は、
　小さな図のため、わかりやすいように
　簡略化しています。
　必ず、4章の手順で進めてください。

★仕上げの工程は、省いてあります。
　P136を参照してください

曲面のマチは、4章の「革を接着する」P126
という箇所がポイントです。参考にしながら、接着してください

① 縫い代を湿らせる

② 縫い代を折り曲げる

③ マチを接着し、縫う

接着の仕方は、P126
縫いはじめの位置は、P129
を確認

縫い目穴の
目数や印位置は
型紙で確認

★図を解りやすくするために、図中では省略していますが、
「要所を糸で仮どめする」・「紙を挟んで少しずつ
縫い目穴を合わせながら貼り進む」ようにしてください。
★マチが別パーツのものは、縫い上がりでは、多少凹んだ
感じです。バッグ全体を軽く湿らせ、古タオル等をしっかり詰めて
形を整えてから乾かすと、きれいな膨らみが出せます

pattern

88 　側面に楕円のマチ

双眼鏡入れ　革=オイルレザー　厚さ 1.8mm

一般的なサイズの双眼鏡入れですが、多少微調整するために、
ギボシ位置は、縫製後につけることをお勧めします

HOW TO MAKE

① 革を型紙の通りに
縫い目穴を開け、裁つ。
床面やコバを磨いておく

本体

ギボシどめ

紐通し

マチ

② 本体にギボシどめと紐通しを
接着し、縫いつける

紐通しを縫いつける

穴に通して縫いつける

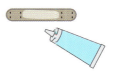

接着剤

③ マチの縫い代を
湿らせて
銀面側に折る

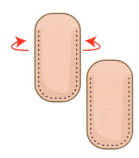

④ 側面を本体に
型紙を参照して
縫い目穴を
合わせて貼り、縫う

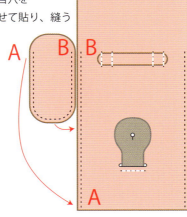

A B B

A

A

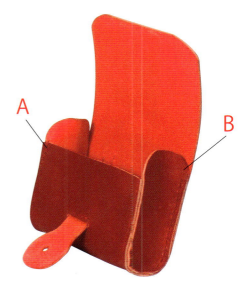

A

B

⑤
双眼鏡を入れてから、
ギボシどめの革を
蓋側に折り返し
ギボシ位置を決め、
目打ちで印をつける。
印が左右の中央に
なるよう調整し、
穴を開けてギボシをつける
P80 参照

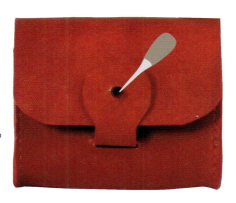

⑥ 紐を通して結ぶ。
通しにくい場合は、革を湿らせ
目打ち等で入れ口を広げる

エイジング前

別パーツの底マチ

pattern

底マチのクラッチバッグ　革＝厚さ 1.8mm　**AGING**

形のイメージは、紙のランチバッグ。ベルトをつけて蓋が開きにくくしました

HOW TO MAKE

1 革を型紙の通りに縫い目穴を開け、裁つ。
床面やコバを磨いておく。○の箇所の
床面に印をつけておく

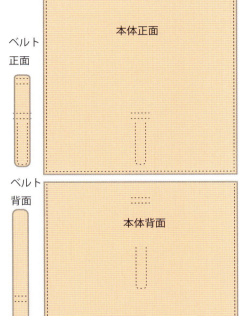

ベルト
正面

本体正面

ベルト
背面

本体背面

本体底

2 本体正面にベルトを
バックル（線コキ）を通して
から、印を合わせて接着し、
縫う

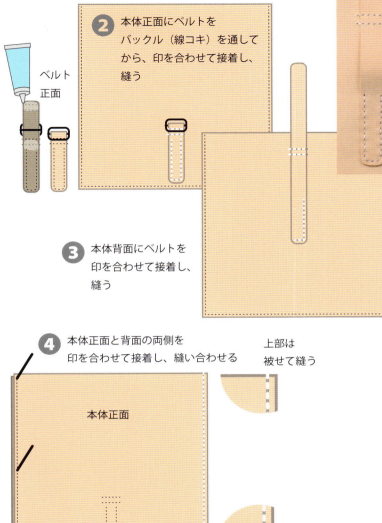

ベルト
正面

3 本体背面にベルトを
印を合わせて接着し、
縫う

4 本体正面と背面の両側を
印を合わせて接着し、縫い合わせる

本体正面

上部は
被せて縫う

下部は被
せない

5 底面を湿らせて縫い代を銀面側に曲げる。
接着剤をつけ、型紙を参照して縫い目穴を
合わせて貼り、縫う

本体底

底の側面の縫い方

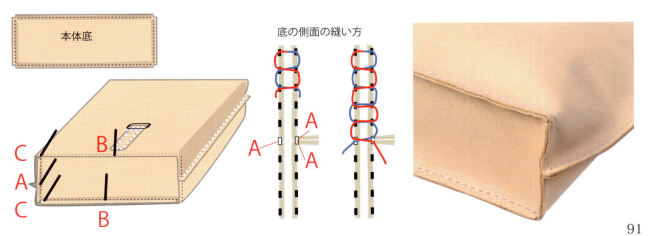

C
B
C A C
A
C B

A A
A A

91

pattern

別パーツの変形底マチ

ツートンのトートバッグ　革＝厚さ 1.8mm　ヌメとオイルレザー
帆布のトートバッグを革で再現してみました

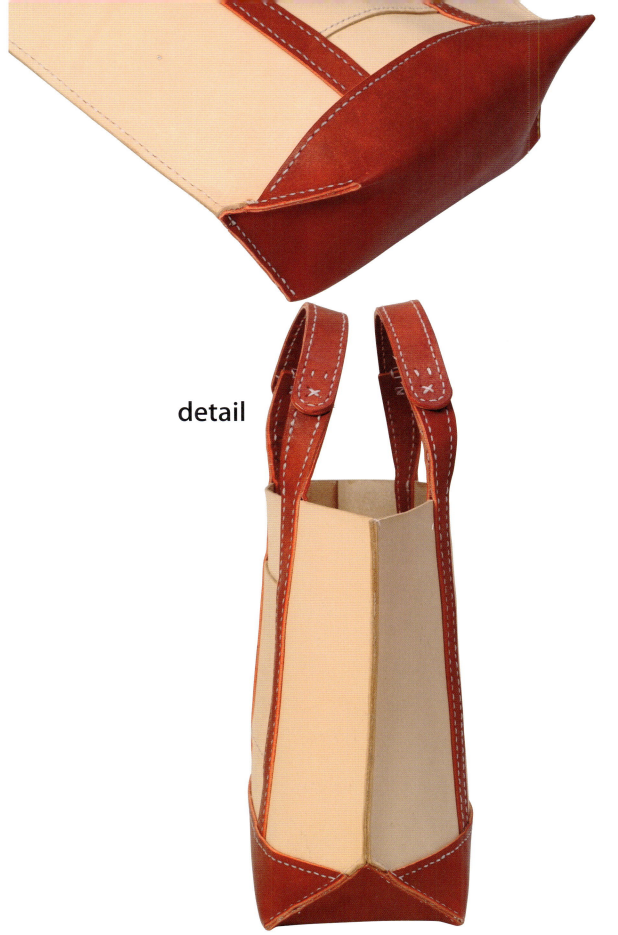

detail

HOW TO MAKE

1 革を型紙の通りに縫い目穴を開け、裁つ。
床面やコバを磨いておく。○の箇所の
床面に印をつけておく

2 ポケットの縫い代に接着剤をつけ、型紙を参照して
縫い目穴を合わせて本体正面に貼る。B の間を縫う

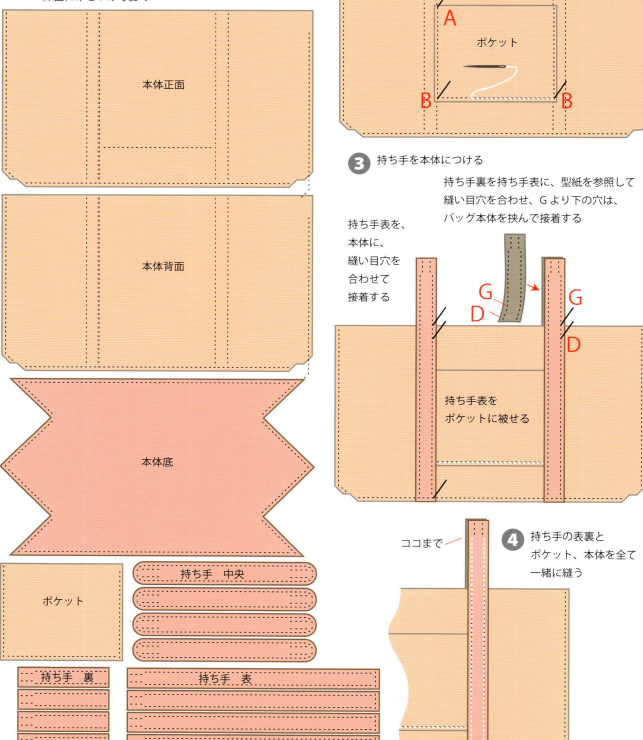

本体正面

本体背面

本体底

ポケット

持ち手　中央

持ち手　裏　　持ち手　表

本体正面

A

ポケット

B　　　　B

3 持ち手を本体につける

持ち手裏を持ち手表に、型紙を参照して
縫い目穴を合わせ、G より下の穴は、
バッグ本体を挟んで接着する

持ち手表を、
本体に、
縫い目穴を
合わせて
接着する

G
D

G
D

持ち手表を
ポケットに被せる

ココまで

4 持ち手の表裏と
ポケット、本体を全て
一緒に縫う

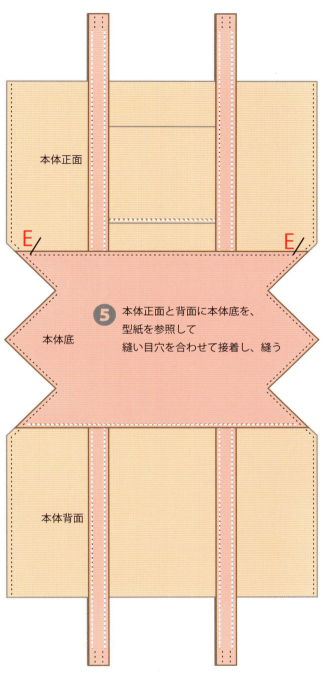

本体正面

E／

5 本体正面と背面に本体底を、
型紙を参照して
縫い目穴を合わせて接着し、縫う

本体底

本体背面

6 底を畳んで本体正面と背面を合わせる。
型紙を参照して、入れ口から本体側面のFまで
縫い目穴を合わせて接着する

底面の三角形の先Fを
型紙を参照して本体側面下部のFと
合わせ、仮どめする。
縫い目穴を合わせて接着し、縫う

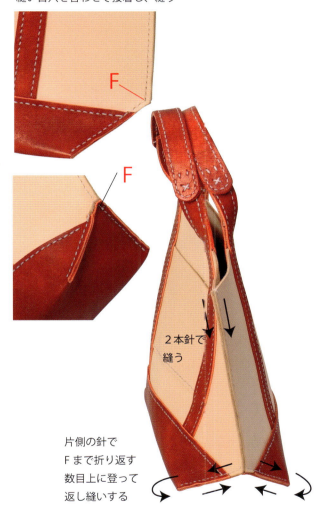

F

F

2本針で
縫う

片側の針で
Fまで折り返す
数目上に登って
返し縫いする

7 本体の持ち手に持ち手中央を縫う

持ち手中央を縫い目穴を合わせ
接着し外側の縫い目穴を縫う

持ち手中央を本体の持ち手に被せ、縫い目穴を合わせ接着し、縫う

持ち手　表

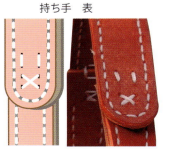

持ち手　裏

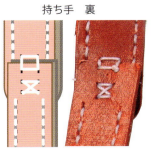

pattern

３面別パーツのマチ

丸底のショルダーバッグ　　革＝厚さ 1.8mm　　AGING

アップリケの装飾をフラップに入れたバッグ。装飾は、マグネの裏側を隠す役目も。
ストラップは、他のデザインのバッグと共通です。P82 参照

detail

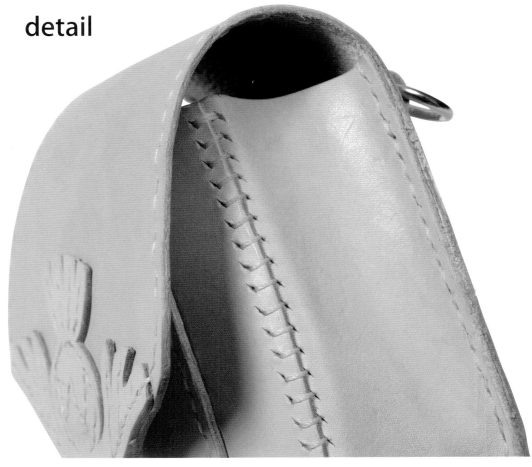

HOW TO MAKE

① 革を型紙の通りに縫い目穴を開け、裁つ。床面やコバを磨いておく。○の箇所の床面に印をつけておく

D カン革

装飾

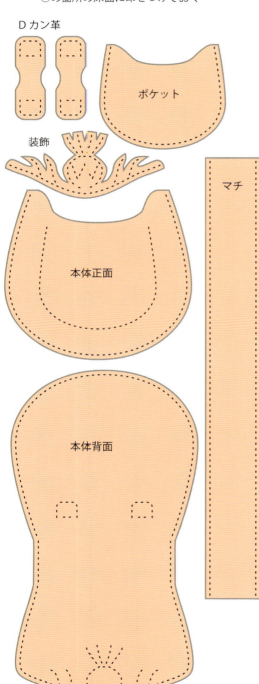

本体正面

マチ

本体背面

② ポケットと本体背面のフラップに、マグネをつける P80 参照

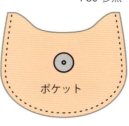

ポケット

本体背面

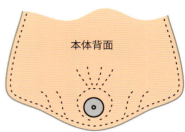

③ ポケットの縫い代に接着剤をつけ本体正面に型紙を参照して縫い目穴を合わせて貼り、縫う

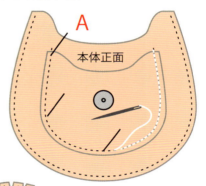

A

本体正面

④ 装飾の図で示した箇所のみ縫う

W

⑤ 本体背面に装飾を印を合わせて接着し、装飾を縫う。周囲を B の穴まで縫う

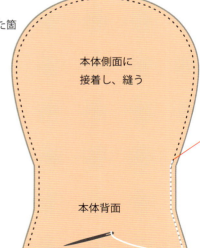

本体側面に接着し、縫う

B

本体背面

6 本体背面にDカン革をつける

Dカン革に
Dカンを通し、
折り曲げ、
接着する P82 参照

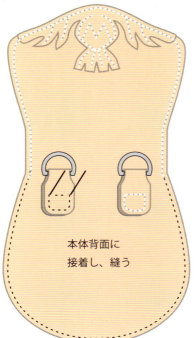

本体背面に
接着し、縫う

7 マチの縫い代を
湿らせて折る

本体正面側は、
床面側に折る

8 マチに本体正面を被せ、型紙を参照
して縫い目穴を合わせて貼る。
「被せて縫う」
P75 参照

本体背面側は、
銀面側に折る

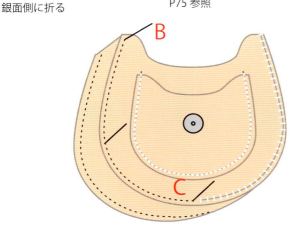

B

C

9 マチに本体背面をつける。
型紙を参照して縫い目穴を
合わせて貼り、縫う

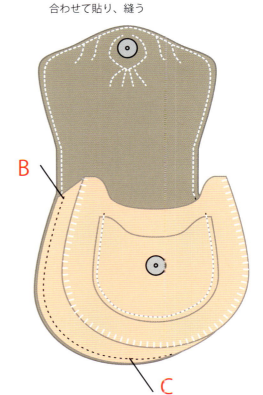

B

C

★本書で製作したバッグのストラップは、
全て共通です。P82 を参照して作ります

側面

pattern

3面別パーツのマチ

小さな持ち手つきバッグ　革＝厚さ 1.8mm　**AGEING**

かわいいらしいイメージの小さなバッグです。
ステッチがアクセント。

HOW TO MAKE

1 革を型紙の通りに縫い目穴を開け、
裁つ。床面やコバを磨いておく。
○の箇所の床面に印をつけておく

本体正面

本体背面

ポケット

マチ

持ち手

2 ポケットの縫い代に
接着剤をつけ、本体正面に
型紙を参照して縫い目穴を
合わせて貼り、縫う

A

3 持ち手を、図のところまで縫う

縫い止まり

縫い
止まり

4 持ち手の両端に接着剤をつけ
本体の正面と背面にそれぞれ
縫い目穴を合わせて貼り、縫う

5 マチの両端を湿らせて
床面側に折り、
縫い合わせる

マチ

マチの側面は、
縫い代を湿らせて、
銀面側に折る

6 マチと本体正面を、型紙を参照して
縫い目穴を合わせて貼る。持ち手を避けて
本体正面の縁を一周縫う

B

C

7 マチと本体正面を、
6と同様に貼り、
縫う

B

C

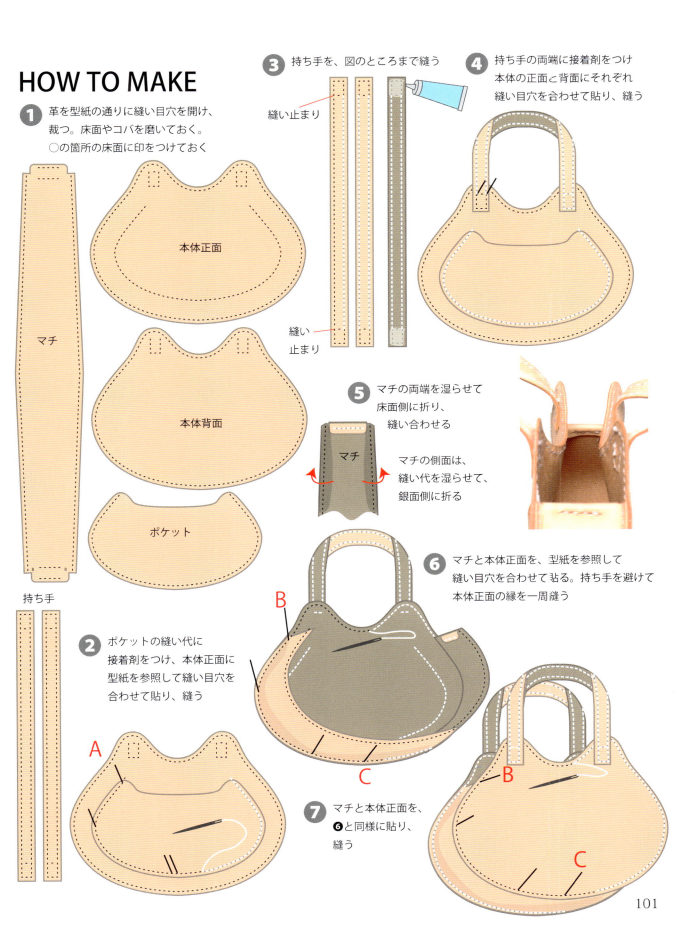

側面

丸型バッグ　革＝オイルレザー　厚さ 1.8mm

正円の本体にファスナーつきのマチを縫います。

小さなポケットがアクセント

HOW TO MAKE

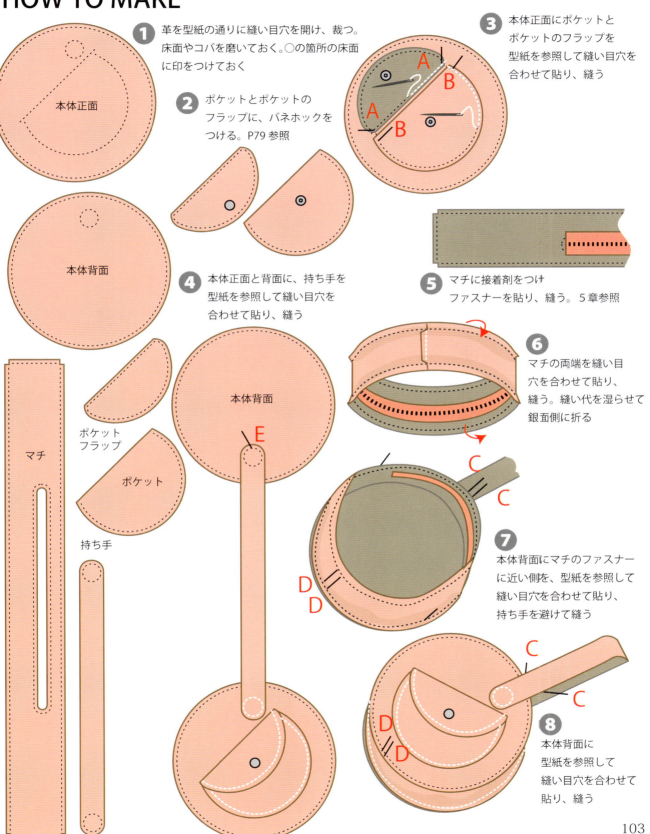

① 革を型紙の通りに縫い目穴を開け、裁つ。床面やコバを磨いておく。○の箇所の床面に印をつけておく

② ポケットとポケットのフラップに、バネホックをつける。P79 参照

③ 本体正面にポケットとポケットのフラップを型紙を参照して縫い目穴を合わせて貼り、縫う

本体正面

本体背面

④ 本体正面と背面に、持ち手を型紙を参照して縫い目穴を合わせて貼り、縫う

⑤ マチに接着剤をつけファスナーを貼り、縫う。5章参照

⑥ マチの両端を縫い目穴を合わせて貼り、縫う。縫い代を湿らせて銀面側に折る

⑦ 本体背面にマチのファスナーに近い側を、型紙を参照して縫い目穴を合わせて貼り、持ち手を避けて縫う

⑧ 本体背面に型紙を参照して縫い目穴を合わせて貼り、縫う

本体背面

マチ

ポケットフラップ

ポケット

持ち手

四角いバッグ　革＝厚さ 1.8mm　`AGING`

マチは、4つのパーツを貼り合わせています。むずかしそうに見えますが、
型紙の記号を見ながら本体とマチを合わせていけば完成です

周囲別パーツのマチ

detail

HOW TO MAKE

1 革を型紙の通りに縫い目穴を開け、裁つ。床面やコバを磨いておく。○の箇所の床面に印をつけておく

2 上面マチに接着剤をつけファスナーを縫う

接着剤は、縫い代の外側に細く塗る

3 マチを、縫い目穴を合わせて貼り、縫う

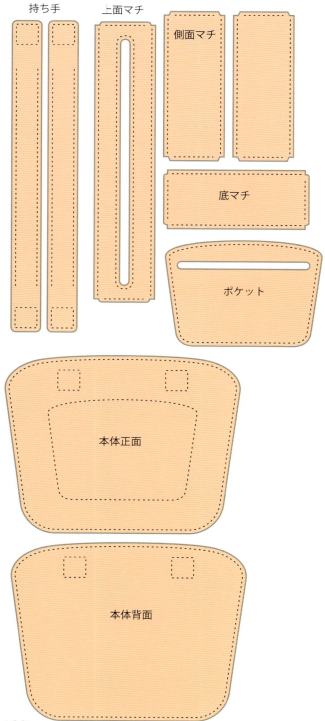

持ち手　上面マチ　側面マチ

底マチ

ポケット

本体正面

本体背面

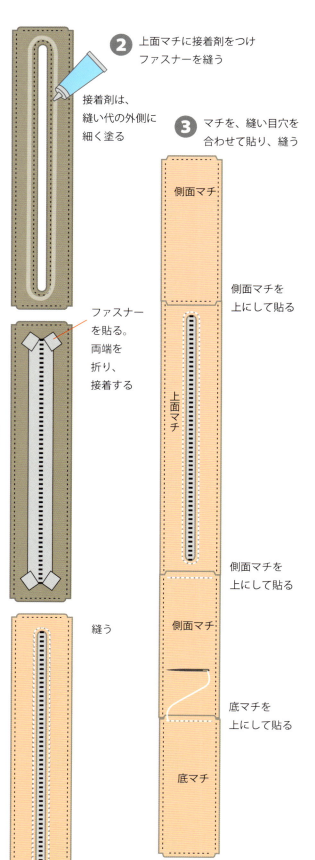

ファスナーを貼る。両端を折り、接着する

側面マチ

側面マチを上にして貼る

上面マチ

側面マチを上にして貼る

側面マチ

底マチを上にして貼る

底マチ

縫う

4 側面マチのもう一方に底マチを乗せ縫い合わせ、マチを輪にする

5 持ち手の中央側を半分に畳む。
縫い代に接着剤をつけ
縫い目を合わせて縫う

6 持ち手両端に接着剤をつけ
縫い目を合わせて縫う

本体背面にも
同様に持ち手を
つける

ポケット

本体正面

ポケットの縫い代に接着剤をつけ
縫い目を合わせて縫う

7 マチの縫い代を湿らせて銀面側に折る

反対側も同様につける

8 本体にマチをつける

型紙を参照して、
縫い目穴を合わせ、
マチを本体に接着し、縫う

C
D
E
F G

G
F

重ね合わせたマチの
隙間に１目糸を通す

pattern

3面別パーツのマチ

学生カバン風バッグ　革＝厚さ 1.8mm

少し小ぶりですが、イギリスの学生カバン風のバッグです。
ストラップは他のデザインのものと共通です。P82 参照

detail

HOW TO MAKE

1 革を型紙の通りに縫い目穴を開け、裁つ。
床面やコバを磨いておく。○の箇所の床面
に印をつけておく

D カン革

フラップ

本体背面

本体側面

ポケット
のマチ

本体正面

本体側面

本体底

フレーム

ベルト上部

ポケット

ベルト下部

2 ポケットにパーツをつける。
フレームは、印を合わせて
縫い代を接着し、縫う。
ベルト下部は、バックルを通し、
革を折り曲げて接着し、
ポケットに縫いつける
P82 参照

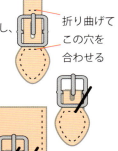

折り曲げて
この穴を
合わせる

縫い目穴を
合わせる

3 ポケットにマチをつける。
マチを湿らせて縫い代を銀面側に曲げる。
接着剤をつけ、型紙を参照して縫い目穴を
合わせて貼り、縫う P127 参照

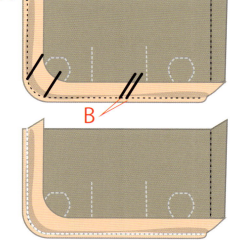

A

B

4 本体側面に
D カン革をつける

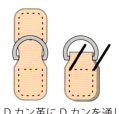

D カン革に D カンを通し、
折り曲げ、接着する
P82 参照

本体側面に
接着し、
縫う

110

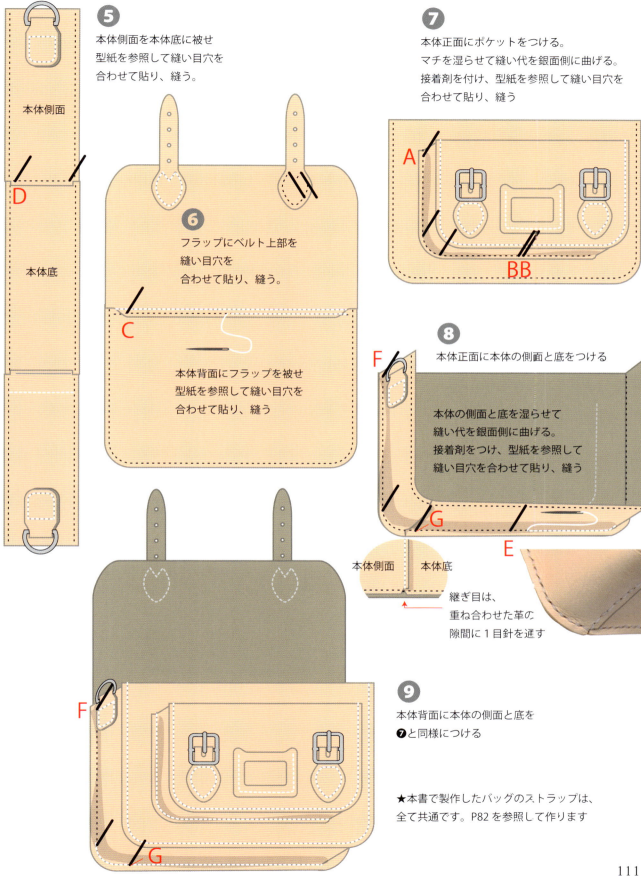

5

本体側面を本体底に被せ
型紙を参照して縫い目穴を
合わせて貼り、縫う。

本体側面

D

本体底

6

フラップにベルト上部を
縫い目穴を
合わせて貼り、縫う。

C

本体背面にフラップを被せ
型紙を参照して縫い目穴を
合わせて貼り、縫う

F

7

本体正面にポケットをつける。
マチを湿らせて縫い代を銀面側に曲げる。
接着剤を付け、型紙を参照して縫い目穴を
合わせて貼り、縫う

A

BB

8

本体正面に本体の側面と底をつける

本体の側面と底を湿らせて
縫い代を銀面側に曲げる。
接着剤をつけ、型紙を参照して
縫い目穴を合わせて貼り、縫う

G

E

本体側面　本体底

継ぎ目は、
重ね合わせた革の
隙間に1目針を運す

9

本体背面に本体の側面と底を
7と同様につける

★本書で製作したバッグのストラップは、
全て共通です。P82を参照して作ります

G

111

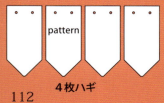

4枚ハギ

巾着バッグ   革＝カーフ

柔らかい仔牛の革で作った巾着バッグ。中表にして縫い表に返します。
4枚ハギで、とても簡単に作れるバッグです。

HOW TO MAKE

1 革を型紙の通りに縫い目穴を開け、裁つ。
入れ口のコバを磨いておく。○の箇所の床面
に印をつけておく

紐

本体

タッセル

2 本体を中表にして印を合わせて
縫い代を接着し、縫う

きれいに裏返せるように
角の縫い代に
切り込みを入れる

3 表に返す

4 紐を通す

5 紐にタッセルを
つける

紐先を
合わせ
貼る

タッセルの床面に
接着剤をつける

紐に
巻き
つける

ヒシキリで
裏まで穴を通す

6mm

縫い
とめる

113

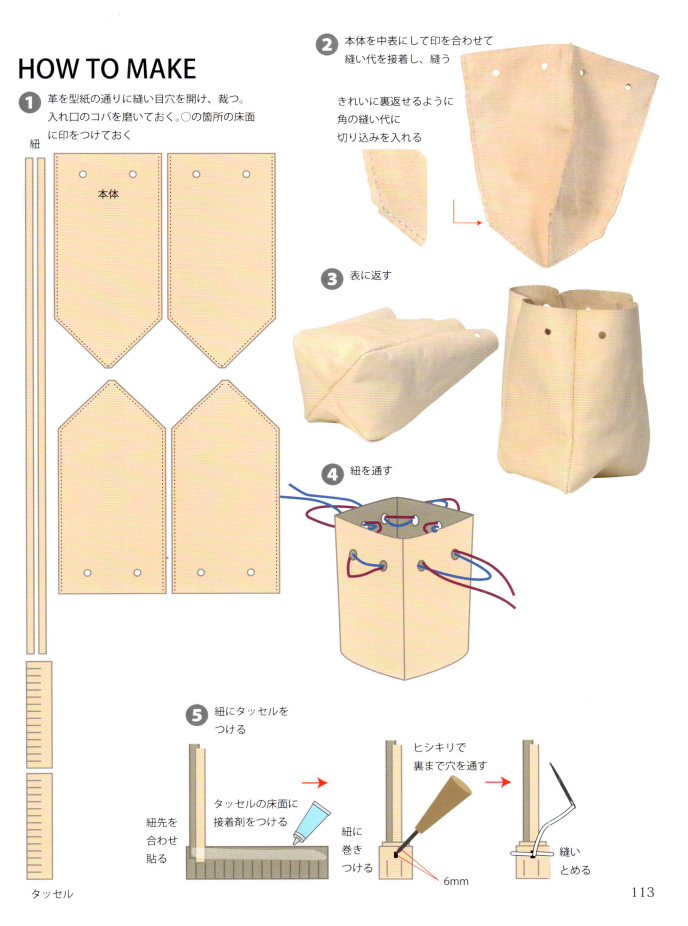

CHAPTER 4

4章　革クラフトの基礎

どんなデザインのものを作るときでも必ず必要な項目を、
基本のペンケースの製作を追いながら紹介します。
前章の作品は全て、この基本をベースに製作してください

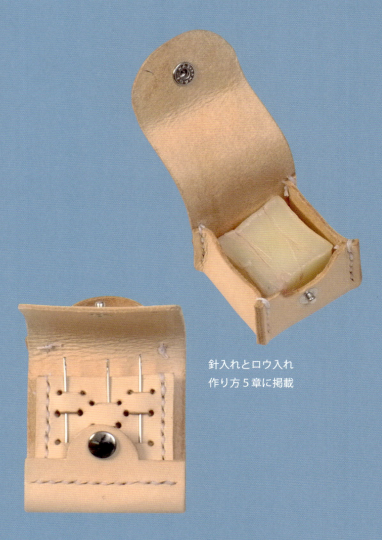

針入れとロウ入れ
作り方5章に掲載

pattern

基本のペンケースを作る

革紐でとめるタイプの簡単なペンケースです。
この作品で革クラフトの基礎の工程を追っていきます。

型紙を作る

型紙ページをコピーし、
原寸の型紙をパーツの枚数分作ります

125%

型紙の拡大率

【基本のペンケースの型紙】

型紙を125%に拡大コピーして使用します

細長い紐等は、寸法を
表示してあります

型紙の輪郭線（縫い代入り）
この線で革を裁つ

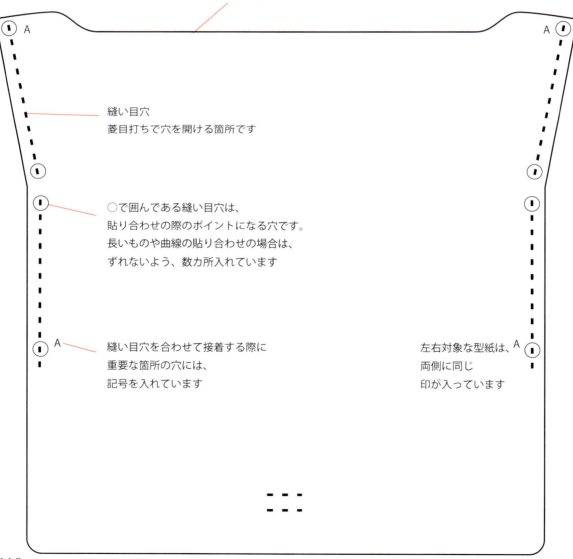

縫い目穴
菱目打ちで穴を開ける箇所です

○で囲んである縫い目穴は、
貼り合わせの際のポイントになる穴です。
長いものや曲線の貼り合わせの場合は、
ずれないよう、数カ所入れています

縫い目穴を合わせて接着する際に
重要な箇所の穴には、
記号を入れています

左右対象な型紙は、
両側に同じ
印が入っています

1 図面がゆがまないように本のノドをしっかりと開き、コピーする

本

しっかり開く

縮小サイズの型紙は拡大コピーする。
店頭でコピーする場合は、定規を持参し、
ゲージに当てて確認

2 コピーをおおまかに切り抜く

3 模造紙や厚手のコピー用紙に水分の少ないスティック糊等で
貼る。縫い代部分は、はがれないよう特にしっかりと貼る

模造紙

コピー

4 寸法が狂っていないか、直角や水平線がずれて
いないか確認し、輪郭線に沿って切り抜く

5 細い紐は、定規で寸法を測りながら革に写すので、
印の箇所のみ切り抜くだけでよい

型紙の完成

★携帯電話や双眼鏡のように、
手持ちのものを入れたい場合、
本書の型紙通りでは合わない
ことがあります。
あらかじめ、コピーした型紙を
貼り合わせて、サイズを確認
してください。
サイズの変更の仕方は、5章にあります

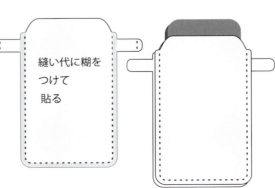

縫い代に糊を
つけて
貼る

物を入れても
余裕のある大きさにする。
革の厚さが厚いほど、
余裕を多くとる。
あらかじめ、使用する
革を巻いてみると、
サイズが確認しやすい

粗裁ち

大きい革は、作業がしやすいように
粗く裁っておきます

革がゆがんでいる場合は、水を含ませて絞ったスポンジで
銀面と床面を湿らせ、平になるようになじませる。
革が完全に乾いてから、型紙を乗せる

 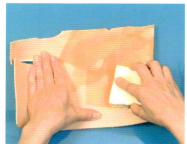 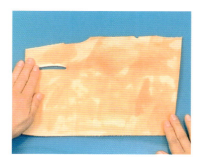

【配置】　革に型紙を必要枚数分乗せ配置する

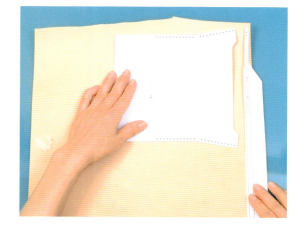

★紐のような細長いパーツは、
粗裁ちせずに、なるべく革が大きい状態で裁つ
P123 を参照し、本体の粗裁ち前に裁っておく

1 型紙を革の銀面にドラフティングテープで貼る。
革のフチ側は、テープを床面に回してとめる

2 ビニ版を敷き、カッターナイフで革を粗く裁つ。
紙がずれやすいので、型紙の上を押さえずに、必ず革の
上を押さえて断つ。（P122 のカッターを使用するときの
注意を参照して切ってください）

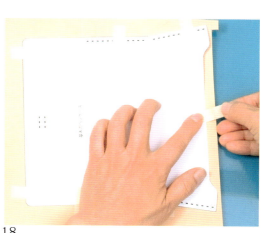 

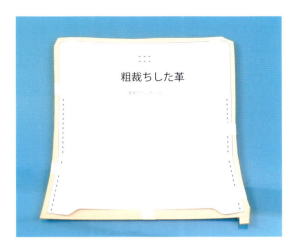

型紙の輪郭線を
目打ちで銀面に写します

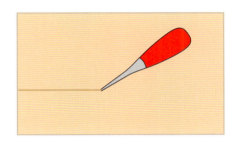

革にキズつかないように
目打ちを斜めにしてスジをひく

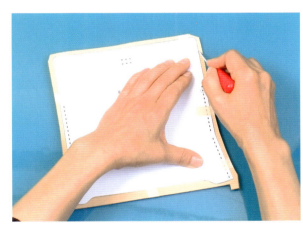

1

直線部分は、定規を型紙側に合わせて
スジを引く。
テープの上は目打ちでテープが
切れてしまうので、スジは入れない。
縫い目穴を開けた後、テープを
はがしてからスジをつなげる。
曲線は、型紙を押さえながら、
型紙に目打ちの刃を沿わせて
ゆがまないようにスジを引く

2

型紙がズレやすい箇所は、
ドラフティングテープを
床面に回してしっかり
とめておく

縫い目穴
を開ける

型紙の縫い目穴は、5mm ピッチの菱目打ちで開けます。
縫い合わせる箇所のそれぞれの穴は、数を合わせてあります。
穴の数を変えないように注意してください。
真っすぐにきれいに、裏までしっかり開けるには少し練習が必要です。
はじめての方は、端革で穴開けの練習をすることをお勧めします。

【穴開けの基本】

ゴム版に、穴開けの方向が自分に対して垂直になるように革を置く。
菱目打ちを垂直に立て、木槌でたたいて穴を開けていく。
穴がしっかり裏側まで開いているか確認する

★木槌を打つことに集中して、
菱目打ちを持った手が
動いてしまうことがる。
必ず刃先の位置が
ずれないように
しっかりと押さえ、
木槌を垂直に
打ち下ろす

ゴム版

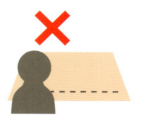

自分に対して水平に置いて
穴を開けようとすると
菱目打ちが斜めになりやすい

ドラフティングテープは、
接着力がさほど強くないので
型紙がずれないように気を
つける。
菱目打ち等の穴開けの用具は、
は鋭利な刃物なので、注意して
作業する

【直線の縫い目穴】

1 4本刃の菱目打ちを使う。
型紙の穴位置に菱目打ちの刃先を
合わせる

2 菱目打ちを垂直に立てる

菱目打ちは下の方を持ち、手が革に
触れているようにすると、安定するので
刃先が穴位置からズレにくい

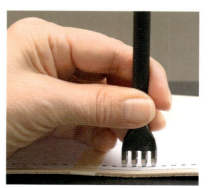

【曲線の縫い目穴】

２本刃の菱目打ちを使う。曲線に合わせて刃先を当て４本のときと同様に穴を開ける

【単独の縫い目穴】

菱キリでしっかりと開ける

【丸穴や金具位置の目印】

目打ちで穴の中心の印をつけておく。
ハトメ穴の開け方は、P76

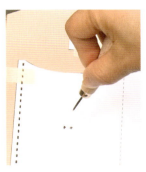

【印を入れる】

穴を全て開け終わったら、
型紙の○で囲んである縫い目穴の箇所に
目打ちを刺し、裏返して
床面の縫い代に鉛筆で軽く印をつける。
コバや銀面に印が出ないよう、マーカーペンは、
使わない

型紙

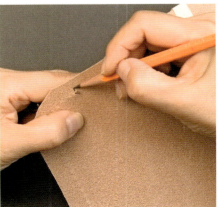

121

本裁ち

ビニール版に革を乗せ、
大型のカッターナイフを使って切ります

革は同程度の厚さの紙と比べると切りやすい素材ですが、
滑りやすく、伸びたりゆがみやすいので、定規を使わずに
落ち着いてゆっくりと目打ちで写した線の上を切り進めます。

【型紙をはがす】

テープを貼った箇所は、
テープをはがしながら
目打ちで型紙の線を書きたす

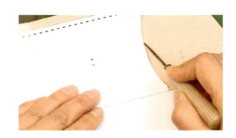

【革を裁つ】

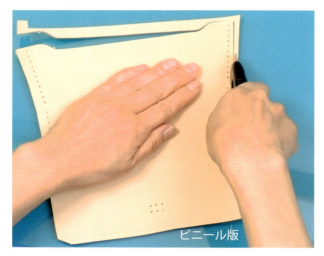

ビニール版を敷いて、カットしたい箇所が身体に対して
垂直になるように革を置く。
革をしっかりと押さえ、大型のカッターナイフでゆっくり
慎重に線に沿って切る。
型紙は外れやすいので、つけたまま切らないこと

【刃を入れる角度】

20〜30°

ビニール版

カッターナイフの刃が、革に対して20〜30度の角度に入る
ようにカッターを寝かせて切る。刃先が左右に振れると、
革の切り口が斜めになってしまう。厚手の革を切る場合は
特に注意する。カッターの刃は、よく切れるように
折って新しくしてから使う

【革を裁つ際の注意】

❌ 革はすべりやすいので、
定規を当てて切らない。

❌ カッターの刃の進行方向に
指を置くと危険なので注意する

❌ カッターを横に向けて切ると
カット線がゆがんでしまう

【紐を裁つ】

1 型紙に書かれた寸法通りに定規を使って目打ちでスジを入れる

2 定規を外し、スジに沿って革の外側から、切り進む

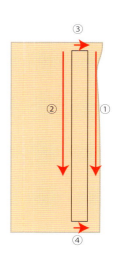

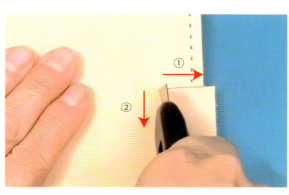

【角を裁つ】

① 交差する角にしっかりと刃を入れ1辺を切り進む
② 再度角に戻って、しっかりと刃を入れもう1辺を切り進む

【曲線を裁つ】

常にカットする進行方向が身体に対して垂直になるように革を回転させて置き直し、すこしずつ切り進める

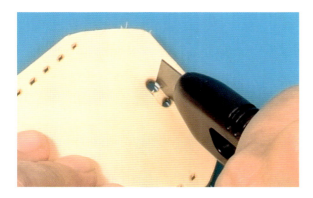

【角丸の穴を開ける】

目打ちの印に合わせて穴を開ける

角丸の穴は、ハトメ抜きで両脇に穴を開けカッターでつなぐときれいに切れる

カッターで切って穴同士をつなぐ

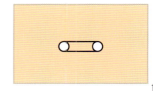

床面を磨く

床面のザラつきを抑えます

革の床面は、使ううちに革の繊維が毛羽立ってパラパラと剥がれてくるので、トコノールを塗って磨き落ち着かせます。
床面を磨いてある面は接着剤がつきにくいので、接着する箇所は磨きません。

トコノールを塗らない

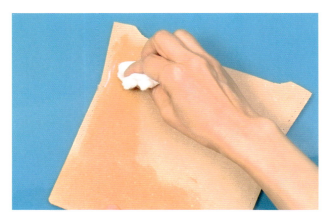

1

トコノールを布に取り、軽く床面に広げる。
フチに着くと銀面に回って汚してしまう
ことがあるので、フチの近くは注意して塗る。
縫い目の上についても問題はないが、
接着剤はトコノールを塗らない方が
密着しやすいので、塗り残す

2

生乾きの状態（指をのせてベタつかない）
になったら、床面にプレススリッカーを
滑らせるようにして磨く。
こうすることで、床面が落ち着き、
光沢が出てくる

ゴシゴシと強く
こすらないこと。
革が伸びたり、歪んで
しまうことがあります

接着剤を塗る箇所に
ついたトコノールは、
カッターの先等で
削っておく

磨き前

磨き済み

革のコバもトコノールを塗って磨きます。
床面同様、切り口の革の繊維が落ち着き、光沢が出てきます。
縫製する箇所の縫い代は、縫い上がってから磨きます。
持ち手、ポケット、留め具等の
パーツは、本体に接着する前に
磨きます。

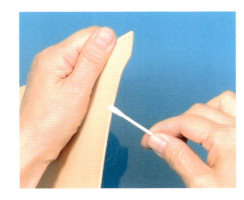

1

トコノールを綿棒に少量取り、
銀面につかないよう
注意しながら
コバに伸ばしていく

縫い上がってから磨く

細い紐は、、巻いておくと塗りやすい

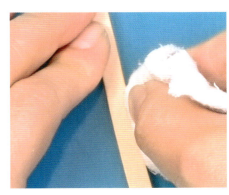

2

生乾きの状態になったら
コバを磨く。
2mm 程度の厚みの1枚革の
場合は、
テーブルに置き、
布をコバの角に当て
表、裏両面からこする

3

縫製済みのコバは、
ドレッサーで縫い代を
整える。
トコノールを塗り、
生乾きの状態で
プレススリッカーの革の厚みに
合った凹みを使って磨く

磨き前

磨き済み

革を接着する

縫い目穴を合わせながら
縫い代を接着します

本書では、塗った面同士しか接着しないタイプの接着剤を使っています。
接着したい箇所の両面に塗って乾かしてから、圧を加えて密着させます。

貼り合わせる前に
縫い目の数が合っているか
確認する

【縫い目を合わせて貼る】

1 接着剤を縫い代に塗り外側に向かって
ヘラで伸ばす。
銀面側にはみ出ないよう注意する

2 接着剤が乾いたら、印をつけた縫い目穴に
針を刺し、反対側の印の穴に針を入れる

3 接着位置がゆがまないように、針を垂直に立てて
合わせてから、静かに押さえて密着させる

4 目打ちで縫い穴を数目おきに刺し、穴位置を合わせて
微調整しておくと縫いやすい

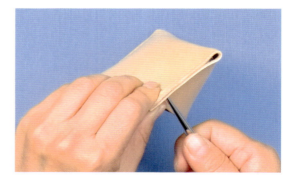

【長いもの大きいもの】

紙を挟んで、縫い目穴を数目おきに
針で刺して合わせながら、接着する。
両面塗りの接着剤なので、
紙を挟んでおけば接着しない。
紙を少しずつずらしながら貼り進む

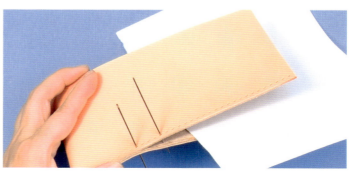

【マチの接着】

1 全体に軽く湿らせ、縫い代を少し余分に湿らせる

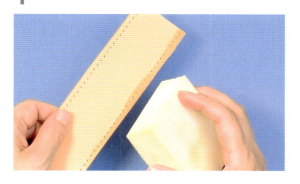

2 縫い代を銀面側に折り曲げる

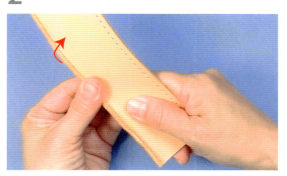

3 マチと本体の、○印の縫い目穴を合わせて糸で仮どめする。仮どめの糸の間隔ごとに分けて接着する。
縫い代に接着剤をつけ紙を挟み、縫い目穴を数目おきに合わせながら貼り進める

仮どめ

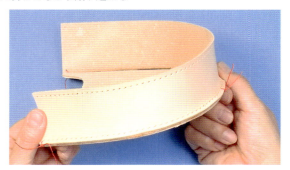

【2枚を密着させるもの】

1 一方の革は、縫い目穴を開けて型紙通りに本裁ちし、もう一方は粗裁ちする。
両方に接着剤を塗り、接着する

2 プレススリッカー等で押さえ
密着させる

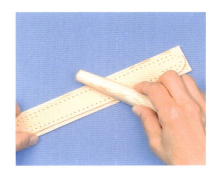

3
型紙通りに通りに本裁ちした革を
表にしてはみ出た革を切る。
縫い目穴に再度菱目打ちを当て裏側まで
穴を開ける。
開ききらない場合は、裏返して
穴跡を見ながら裏からも菱目打ちで
穴を開ける

糸と針の準備

革の縫製は、革が厚く摩擦が大きいので途中で糸が痩せてしまわないようロウ引きした糸を使います。

ロウ引きが必要な糸

ロウ

ロウに糸端を乗せ、布を被せて押さえながら糸を引きます。
（3〜4回繰り返す）

ロウ引き済みの糸

ワックスをかけているので、汚れが付着しやすいです。
ワックス引きの糸の場合は、布に挟んでしごき、余分なワックスを落としておきます。

【糸の長さ】

縫製寸法の約4倍が
必要な糸の長さの目安です。

距離の短いものは、
多少長めに

【糸を通す】

糸を引いて縫い締めていくので、
糸がゆるまないように針に特殊なとめ方をします。

★短い距離なら、布の縫製と同様に糸先を出したままでも大丈夫です。

1 針穴に糸を通す
（針の長さの約2倍）

2 糸端を持ち、ねじるようにして糸の撚りを広げ、糸のすき間に数回針を刺す

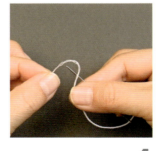

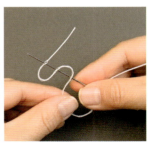

3 糸先を針先と反対側に戻すようにゆっくりと引く

4 長い方の糸を持って引く

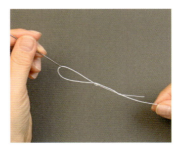

5 糸を整える

縫い終わりの糸が始末がしやすい箇所に来るよう
縫いはじめを決めます。

左右の糸の長さが同じになるように揃える
★平縫いの場合は、糸の両端に針をつけておく

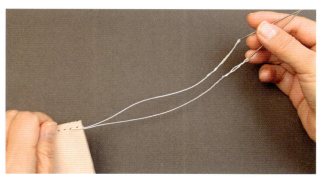

★糸が長すぎると
縫いにくいので、
片側に出す糸の長さは
1m弱にとどめます。

【刺しはじめ】

袋物は、底側から
縫いはじめると
縫い終わりが
入れ口になるので、
糸の始末がしやすい

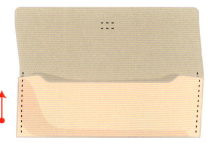

小さなパーツは
中央から、
並縫いで縫いはじめ、
中央に戻る

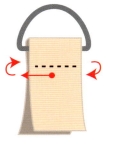

持ち手のように
細長く
途中で糸が足り
なくなりそうな
ものは、
中央から
縫い始める

【一針目を刺す】

端から数目手前に針を入れる　　端で2重に縫う　　はじめに針を入れたところまで折り返す

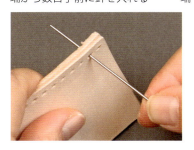  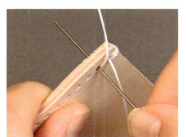

バッグやポケットの入れ口は
負担がかかるので、
端を2重に縫っておく

平縫い

革クラフトの最も一般的な縫い方です

２本の針で縫いながら１目ずつ
しっかりと引き締めていきます。
両側から縫っているので、
片方の糸が切れても縫い目はほつれません。

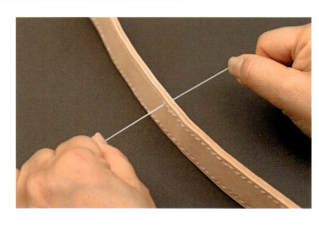

左右の糸をしっかりと
引き締めながら縫うので
丈夫です。

※１本の糸ですが、見やすいように色分けしています。

1 必ず表側にある針（赤）から先に、１目先の穴に刺す

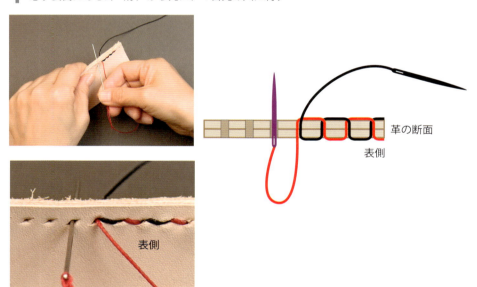

革の断面

表側

表側

2 糸を斜め上に引く

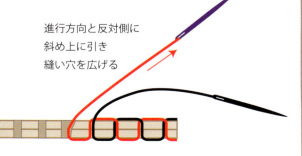

進行方向と反対側に
斜め上に引き
縫い穴を広げる

3 同じ穴に、裏側からもう片方の針（黒）を刺す

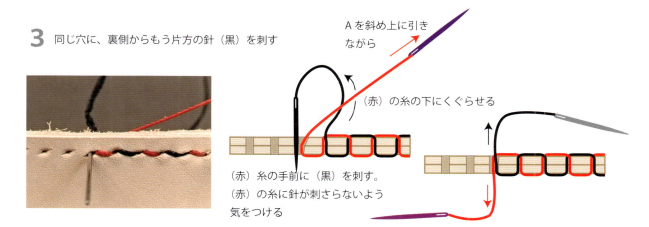

Aを斜め上に引き
ながら

（赤）の糸の下にくぐらせる

（赤）糸の手前に（黒）を刺す。
（赤）の糸に針が刺さらないよう
気をつける

4 ２本の糸を同時に引き締める。次の目も、表側の針を先に刺し、
斜めに引きながら、裏側の針を同じ穴に刺す。こうすると
きれいな縫い目に仕上がる

並縫いで２重に縫うと平縫いと同じような縫い目になります。
縫い目の美しさは平縫いと比べ劣りますが、両側から強く糸を引くと
型くずれしてしまう薄い革や小さなパーツを縫うのに適しています。

並縫い

平縫いがうまく縫えない方に
お勧めの簡単縫い

※１本の糸ですが、見やすいように色分けしています。

1 糸の片側に針をつけ、
左右の糸の長さが同じに
なるように揃える

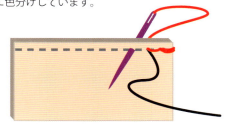

2 片方の糸を
並縫いで縫い進める

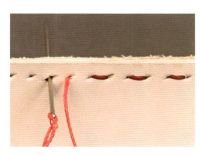

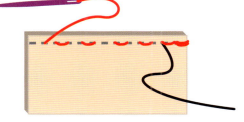

もう１方の糸はそのまま残しておく

3 片方の針で縫い進めたら、
裏側に針を出して針を外す。
反対側の糸端に針をつけ、
縫い糸に針を刺さないよう、
縫い穴のすき間に針を
通しながら、
並縫いで縫い進める

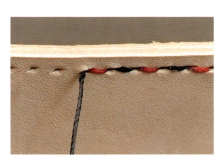

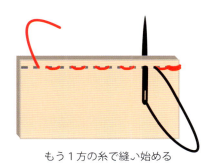

もう１方の糸で縫い始める

【糸を継ぐ】

1 縫い終わりで表になった針を1目戻って
裏側に出し結べるくらい残して糸を切る。
縫い進めると糸どめがしにくい箇所は、
ここで糸の始末をする

2 次の糸を最後の縫い目と同じ穴に刺し、縫い進める

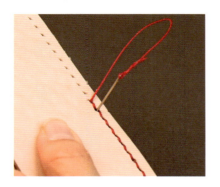
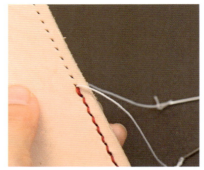
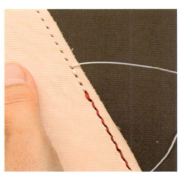

縫い終わりと
糸の始末

糸の始末は、本体の内側や持ち手の場合
は裏面になる側など、
なるべく目立たないところでしましょう。
木工用ボンドは、糸の上ではなく、縫い目穴を塞ぐために塗ります。
針や目打ちで、縫い目穴にボンドを刺し込んで押さえます

1 縫い止まりの数目手前から、
片方の糸を裏に出しておき、
もう片方の針で縫い止まり
まで縫い進める

2 端を2重に縫ってから、
出しておいた糸の数目後ろ
まで縫い戻る

【糸を結んでとめる】

1 縫い目穴が塞がるように
穴の上に木工用ボンドをつける

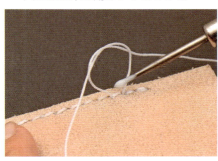

2 もう一度しっかり結び、糸をきつく
引く。目打ちの頭で糸先を押さえておく

【糸を切ってとめる】

糸端をぎりぎりで切る

糸端が見えてしまう箇所は、返し縫いしてから糸を切り、ボンドを糸切りの前後数目
分の縫い目穴に塗り、穴がふさがるように端革等を当ててしっかり押さえておく

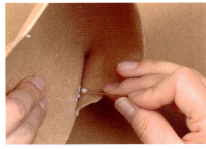

バッグの内側等は、返し縫いしてから、
ぎりぎりで糸を切る。
針先にボンドをつけ、糸切りの前後数目
分の縫い目穴に差し込むようにして塗り、
目打ち等で、しっかりと押さえる

【縫い目を整える】

木槌で縫い目を叩くと
縫い糸が揃い、
革表面になじむ

縫製の手順

順番は製作するものによって違います

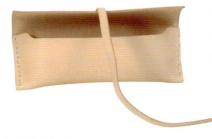

基本のペンケースのように、
フラップ側につけるパーツは、
本体の縫製後でもつけられます。

本体を縫製すると付加することがむずかしいパーツや金具は、
本体を接着する前に制作し、コバを磨き、取りつけます。

本体側は、
縫製前に
ホックを
つける

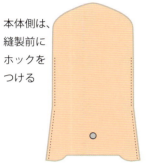

本体縫製前に
パーツをつける

本体縫製前にファスナーを
つける

フラップ側は、縫製後に位置を調整し、
ホックをつける

バッグの持ち手に、本体の縫製前につけておくのが基本です。

持ち手を、
本体につける
部分を残して
縫っておく

本体側は、
本体に
接着してから
縫う

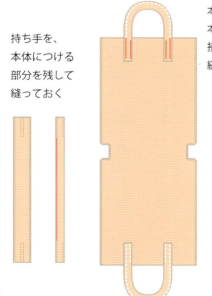

このバッグは、本体縫製後に
持ち手をつけています。

縫い上がったら縫い合わせた箇所の縫い代を整えます。
基礎のペンケースのように平たいものは、ふくらませると
ペンが出し入れしやすくなります。

【ふくらませる】

1 水を含ませて絞ったスポンジで銀面側から全体を軽く
湿らせる。縫い目部分をプレススリッカーで押し広げる

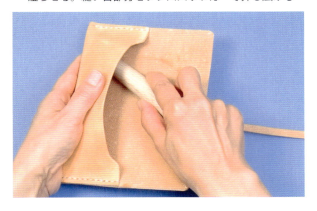

2 畳んだ紙等を差し込む。底に当たる紙の角は、ケースの
底が伸びてしまわないように丸みを持たせておく

【コバを整える】

1 不揃いな縫い代は、ドレッサーで
平らに整える

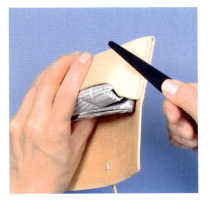

2 コバにトコノールを塗る

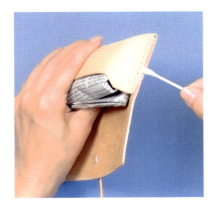

3 端革等で磨く。1・2・3の工程を
繰り返すとコバにツヤがでる

【オイルを塗る】

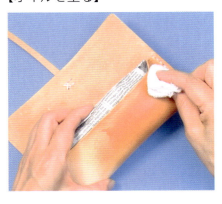

ピュアホースオイルを塗っておくと
自然な風合いに仕上がり、カビを防ぐ
こともできる。

柔らかい布に
つけ、
薄く丁寧に
塗り込む。

基本のペンケースの出来上がり

135

CHAPTER 5

5章　型紙

型紙について

★ 拡大率は 160％です。 1 ページずつ A3 サイズの紙でコピーします。　⬤ 160%

★ 同じパーツが複数必要なものは、枚数を表示しています。 表示のないものは 1 枚です。

★ 各作品の仕上がりサイズは、おおまかなものです。 革の厚さや仕上げによっても多少異なります。

★ 付属の金具等は、表示の拡大率でコピーすると実物大に近い大きさになります。
　穴開け位置は、点で示しています。 点の中心にハトメ抜きを合わせ穴を開けます。

★ 縫製後に調整をした方がよいホックつけ等の箇所は、型紙の中央に破線を引いてあります。
　ホック位置の点は、目安です。 確認してから印をつけてください。

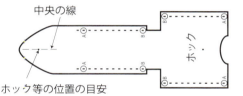

中央の線

ホック等の位置の目安

ホックやカシメ、ハトメサイズは、
P76〜79 を見て選んでください

P114 の針入れと
ロウ入れの
フラップを閉じた
ものです
作り方 5 章に掲載

開く

本

図面がゆがまないように
本のノドをしっかりと
開いてコピーする

Contents 5章目次

コピーした型紙は、ゲージの寸法が合っているか確認する。単位cm

10

0

5章の型紙は、コピーしやすいように、なるべくページのノドから離して配置しています。
そのため、ページ表示は内側にしています。

ファスナーのつけ方

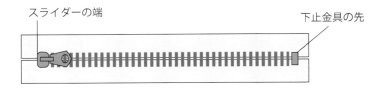

スライダーの端　　　　　　　　　　　　　　下止金具の先

【ファスナーサイズ】
ファスナーサイズは、スライダーの端から、下止金具の先までの長さで表示します

既成のサイズに合わないものは、長さ調節をしてくれる店もあります

【ファスナー窓につける】

1 接着剤を革の床面の、縫い代の外側に細くつける

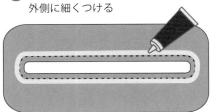

2 スライダーの端がファスナーつけの窓に収まるように接着

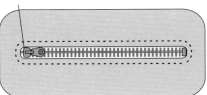

3 左右の布は、ファスナーにかからないように折り返して接着

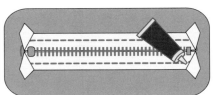

【正面・背面にそれぞれつける】

1 接着剤を革の床面の、縫い代の外側に細くつける

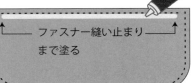

ファスナー縫い止まりまで塗る

2 スライダーの端がファスナー縫い止まりの内側になるように接着

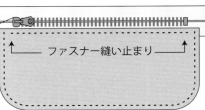

ファスナー縫い止まり

3 つけ位置を向かい側と合わせる

定規

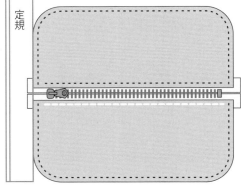

4 左右の布は、ファスナーにかからないように折り返して接着

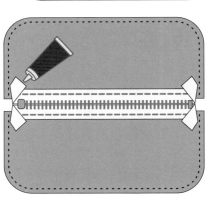

【革の両側につける】

1 接着剤を革の床面の、縫い代の外側に細くつける

ファスナー縫い止まりまで塗る

2 片側から、ファスナーをつける。革端の位置に軽く印をつける

ファスナー縫い止まり
スライダーの端がファスナー縫い止まりの内側になるように接着

3 向かい側にファスナーの印を革端に合わせてつける。飾り革を左右の端につけない場合は、端を折り返して接着する

サイズ変更の仕方です。

ほぼ直線の縫い目穴が並んだ、パーツの少ないものは、

型紙を切って貼り直すことで、簡単にサイズの変更ができます。

切った型紙は、方眼紙（5mm方眼）に貼っていくと合わせやすいです。

型紙変更のルールは、縫い目穴のある箇所は、穴が5mmピッチなので、5mm単位で移動させます

【縫い目穴のない箇所の変更】

【マチ幅の変更】

箱型スマートフォンケース

幅を広げる

縫い目穴のない
フラップは、
自由に変更可能

双眼鏡ケース

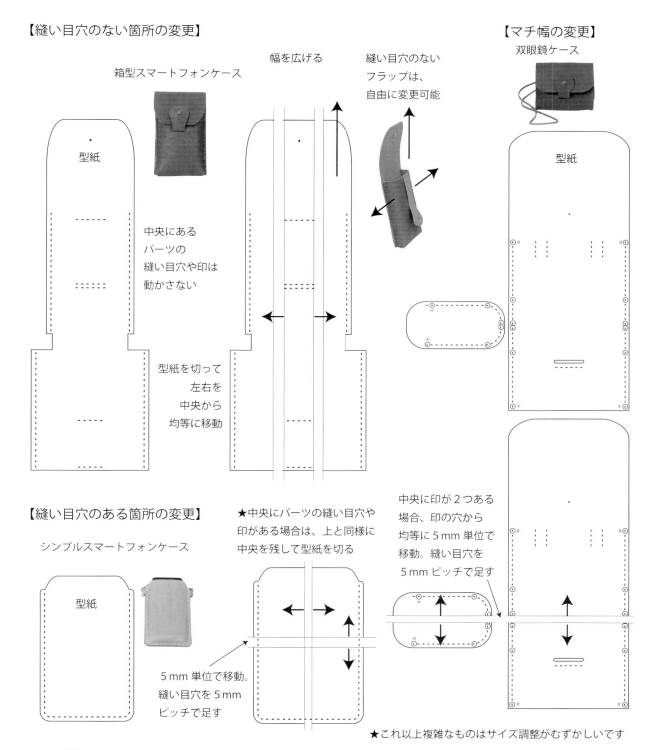

型紙

中央にある
パーツの
縫い目穴や印は
動かさない

型紙を切って
左右を
中央から
均等に移動

型紙

【縫い目穴のある箇所の変更】

★中央にパーツの縫い目穴や
印がある場合は、上と同様に
中央を残して型紙を切る

中央に印が2つある
場合、印の穴から
均等に5mm単位で
移動。縫い目穴を
5mmピッチで足す

シンプルスマートフォンケース

型紙

5mm単位で移動。
縫い目穴を5mm
ピッチで足す

★これ以上複雑なものはサイズ調整がむずかしいです

型紙を貼り合わせる

大きな型紙は、1ページでは収まらないので
分割してあります。
必要な枚数分拡大コピーし、
貼り合わせて使います

160%

❶

模造紙

本体①

型紙コピー

コピーした型紙の
点線の箇所を
切って模造紙に
貼る

【平たいバッグ　P18】

0 |_____| 10

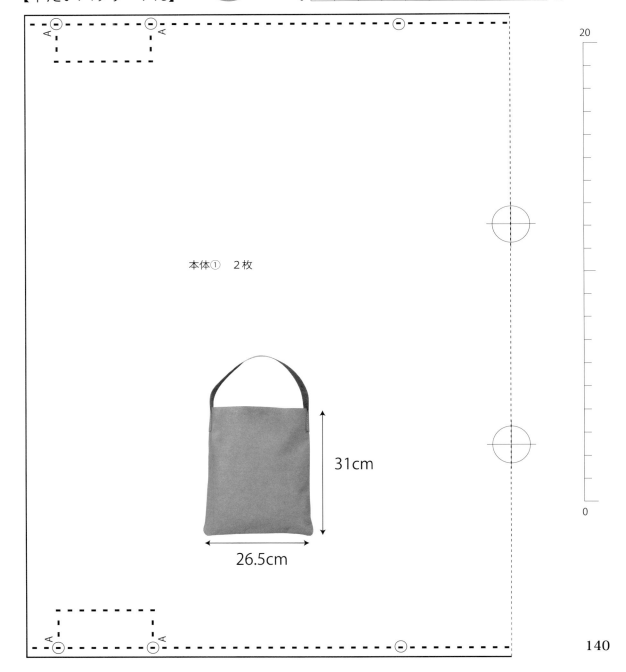

本体①　2枚

31cm

26.5cm

20

0

❷

本体① 本体②

点線の
箇所を
切って
印を合
わせて
模造紙に
貼る

❸

本体① 本体②

輪郭線で切り抜く

【平たいバッグ　P18】 0 └─────────── 10

20

点線の箇所を
切って
印を合わせ
模造紙に
貼り、
輪郭線で切る

持ち手

持ち手

持ち手

持ち手

持ち手

本体②　2枚

持ち手　2枚

A

A

160%

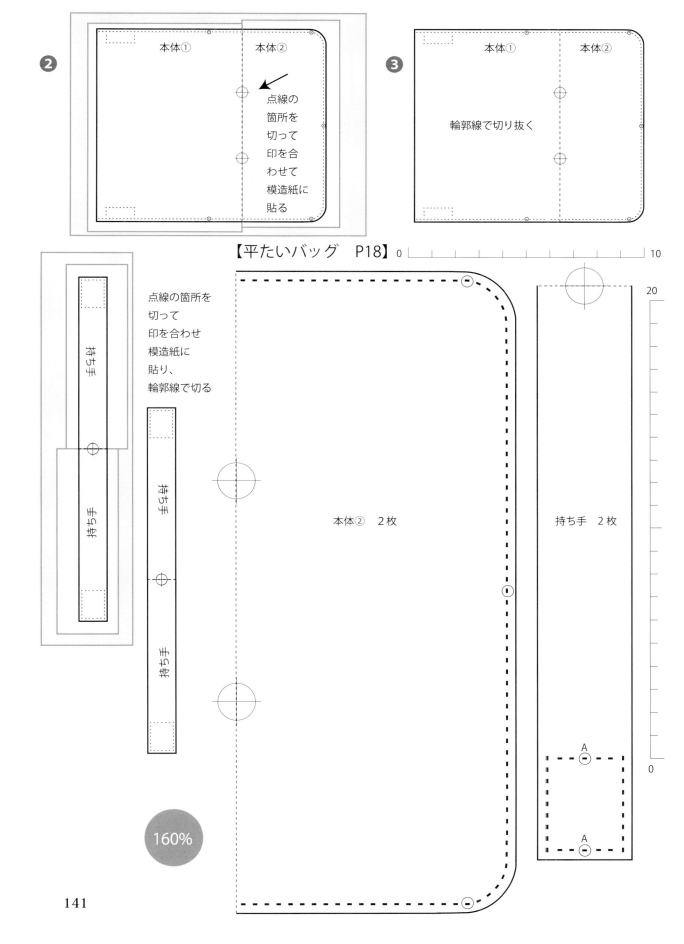

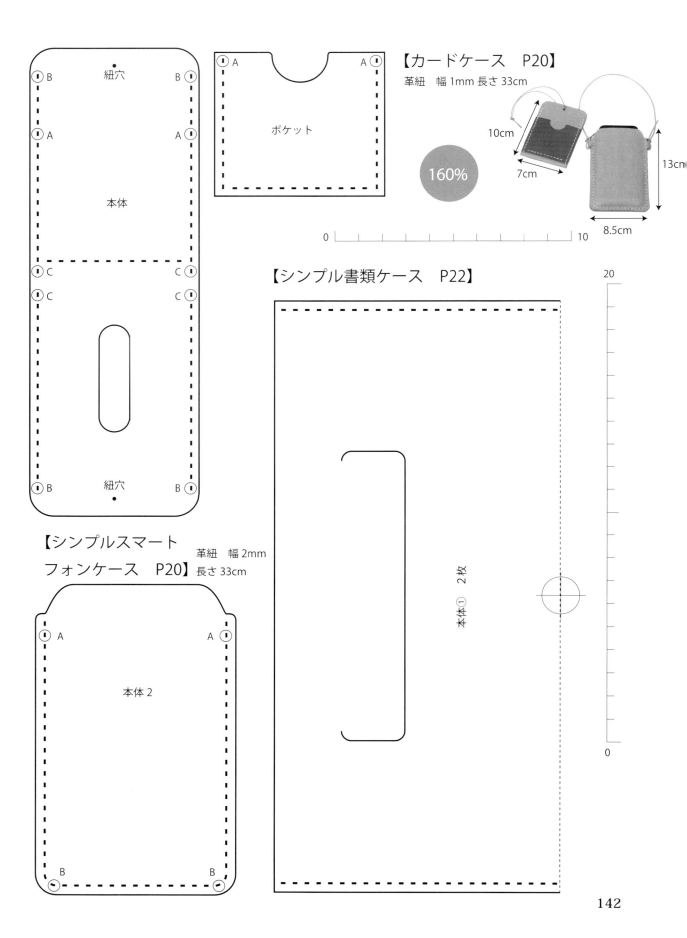

紐穴

B B

A A

本体

C C

C C

B B

紐穴

ポケット

A A

【カードケース　P20】
革紐　幅 1mm 長さ 33cm

10cm

7cm

160%

13cm

8.5cm

0 ——————————— 10

【シンプル書類ケース　P22】

20

本体① 2枚

0

【シンプルスマート
フォンケース　P20】
革紐　幅 2mm
長さ 33cm

A A

本体 2

B B

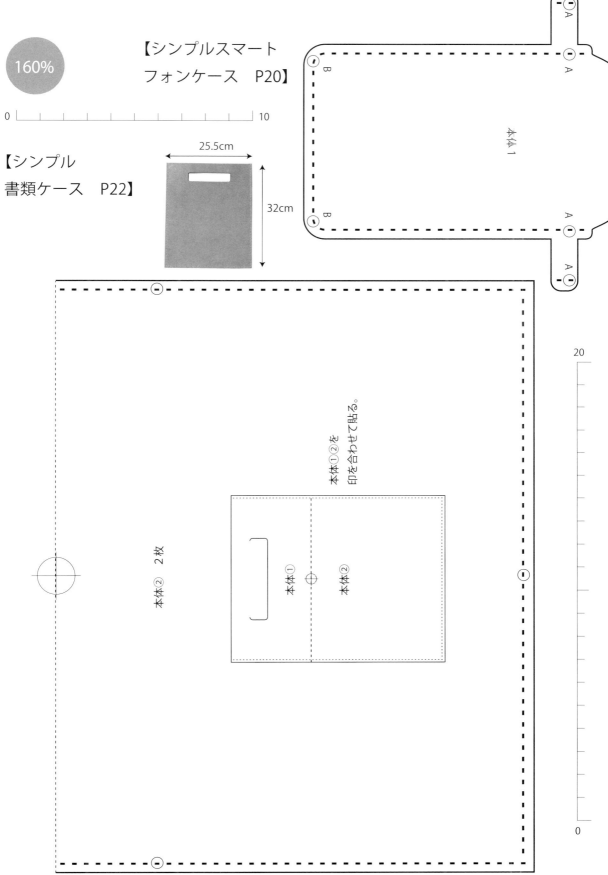

160%

【シンプルスマート
フォンケース P20】

0 ———————————————— 10

【シンプル
書類ケース P22】

25.5cm

32cm

本体1

A ○
A
B
B
A
A ○
A ○

本体①②を
印を合わせて貼る。

本体② 2枚

本体①
本体②

20

0

0 |_____| 10

160%

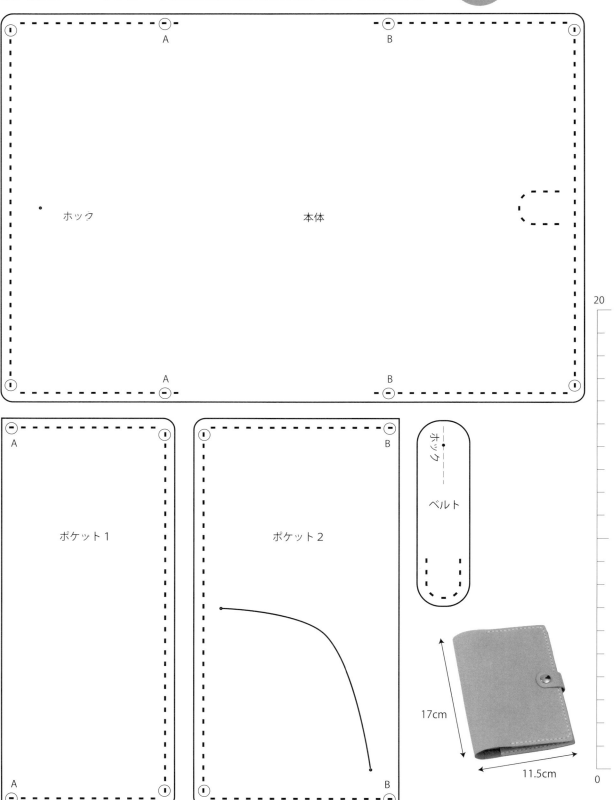

ホック

本体

20

A

A

B

B

ポケット1

ポケット2

ホック

ベルト

17cm

11.5cm

0

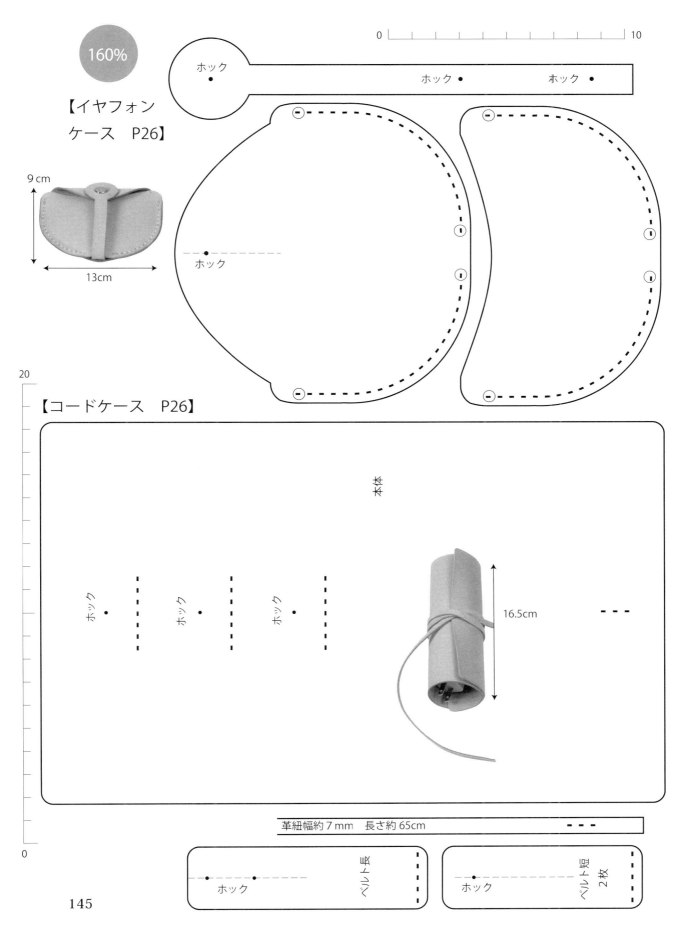

160%

【イヤフォン
ケース　P26】

0 ———————— 10

ホック •

ホック •　　　　　ホック •

9 cm

13cm

ホック •

ホック

20

【コードケース　P26】

本体

ホック •

ホック •

ホック •

16.5cm

革紐幅約7mm　長さ約65cm　　- - -

ホック •　　ベルト長

ホック •　　ベルト短
　　　　　2枚

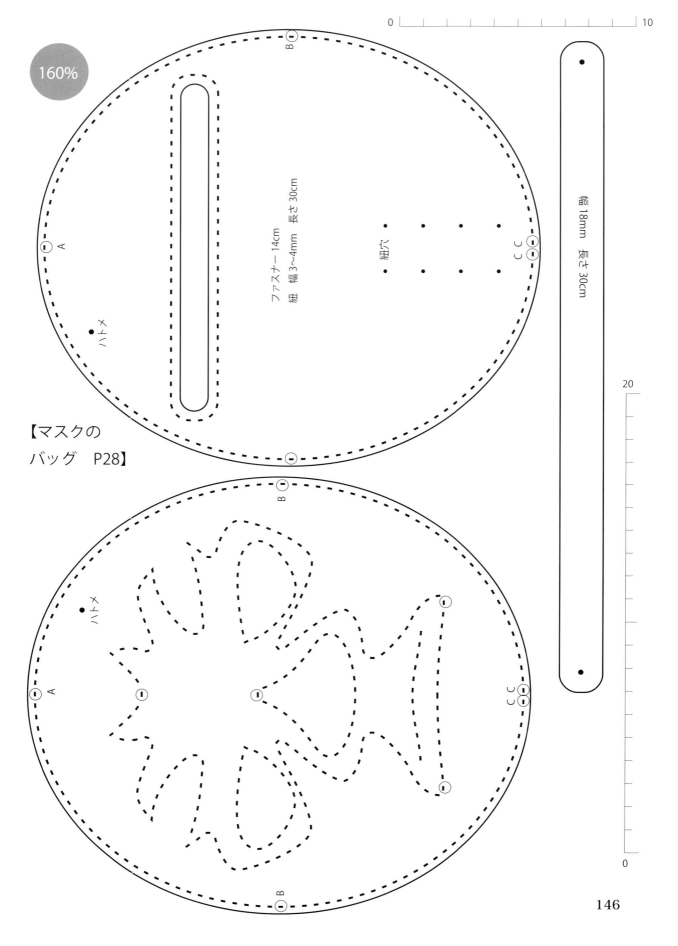

160%

【マスクの
バッグ P28】

ファスナー 14cm
紐 幅 3〜4mm 長さ 30cm

紐穴

幅 18mm 長さ 30cm

0 ——— 10

20

0

146

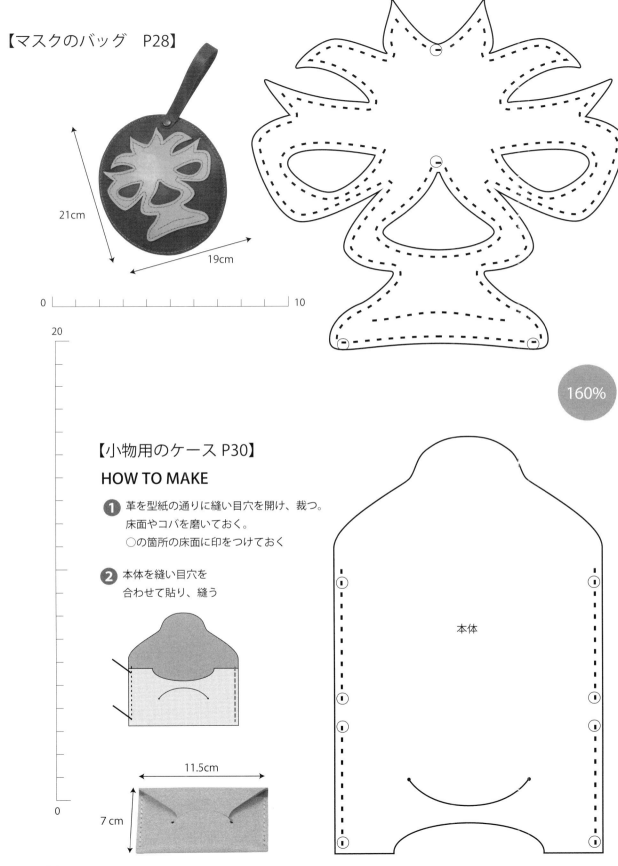

【マスクのバッグ　P28】

21cm

19cm

0 ⌊_____⌋ 10

20

160%

【小物用のケース P30】

HOW TO MAKE

1 革を型紙の通りに縫い目穴を開け、裁つ。
床面やコバを磨いておく。
○の箇所の床面に印をつけておく

2 本体を縫い目穴を
合わせて貼り、縫う

11.5cm

7 cm

0

本体

147

HOW TO MAKE

薬と絆創膏のケースは、サイズ違いですが
作り方は同じです。

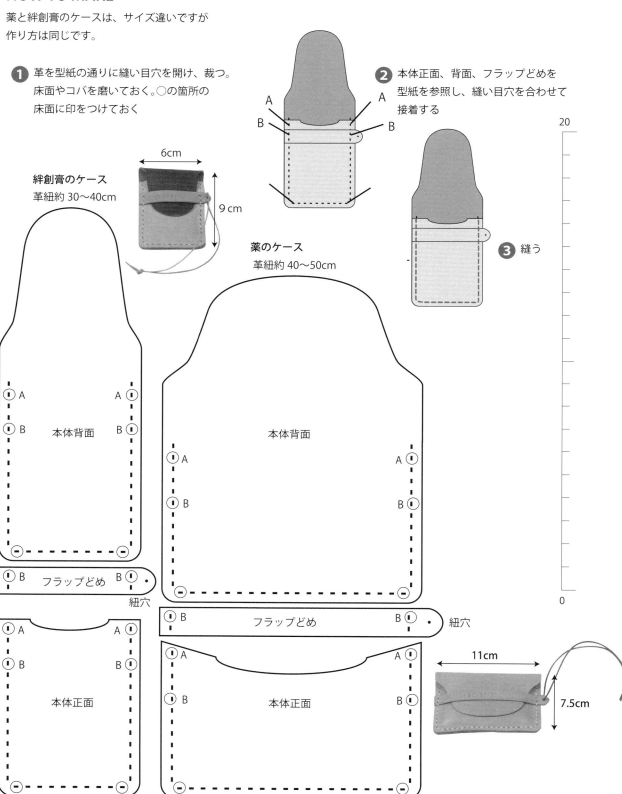

1 革を型紙の通りに縫い目穴を開け、裁つ。
床面やコバを磨いておく。○の箇所の
床面に印をつけておく

絆創膏のケース
革紐約 30〜40cm

6cm

9 cm

2 本体正面、背面、フラップどめを
型紙を参照し、縫い目穴を合わせて
接着する

A　A
B　B

薬のケース
革紐約 40〜50cm

3 縫う

A　A
B　B
本体背面
B

A　A
B　B
本体背面

B フラップどめ B　・　紐穴

本体正面

B フラップどめ B　・　紐穴

本体正面

11cm

7.5cm

【クリーム缶とお菓子のケース P31】

HOW TO MAKE

クリーム缶とお菓子のケースは、サイズや
デザインが違いますが、基本の作り方は同じです。

① 革を型紙の通りに縫い目穴を開け、裁つ。
床面やコバを磨いておく。○の箇所の
床面に印をつけておく

② 本体正面にバネ
ホックをつける

P79 参照

③ 本体正面と
背面を
型紙を参照し、
縫い目穴を
合わせて
接着し、縫う

④ 革を湿らせ、中に物を入れて
立体感をもたせ、乾くまでおく

⑤ ホック革の片側にバネホックをつけ、
本体のホックにとめる

型紙

P81 を参照し、
カシメ位置を決め、
ホックを外して
フラップに
カシメでとめる

0 ─────── 10

クリーム缶
ケース（大）

カシメ

ホック

ホック革

本体背面

A

A

A

A

本体正面

ホック

20

クリーム缶
ケース（小）

9.5cm

9cm

7cm

6.5cm

カシメ

ホック

ホック革

本体背面

A

A

カシメ

ホック

本体正面

A

A

お菓子のケース

ホック

本体背面

A

A

A

ホック

本体正面

A

10cm

6cm

160%

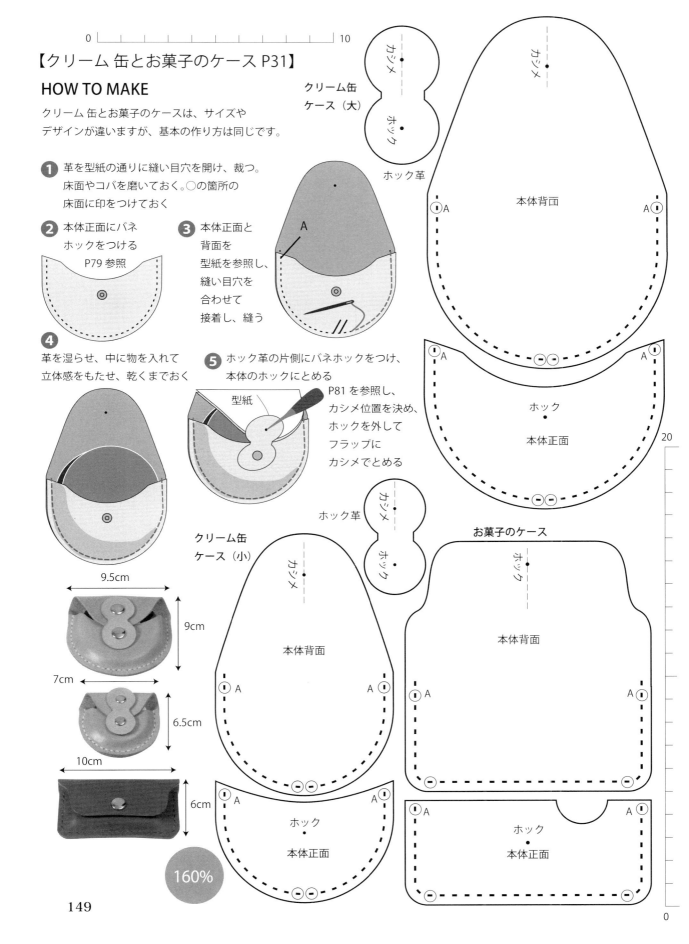

0

【封筒型書類入れ P32】

紐　幅 5mm 長さ 40cm

とめ革　縫い目穴を開けて 2 枚切り、別革に貼って切る

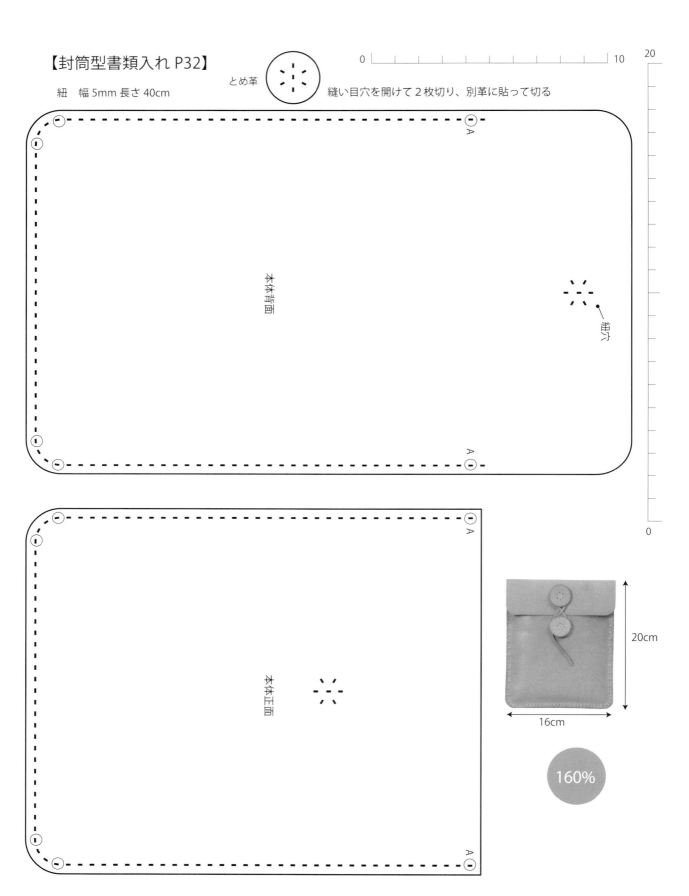

本体背面

紐穴

本体正面

20cm

16cm

160%

0 |___|___|___|___|___|___|___|___|___|___| 10

160%

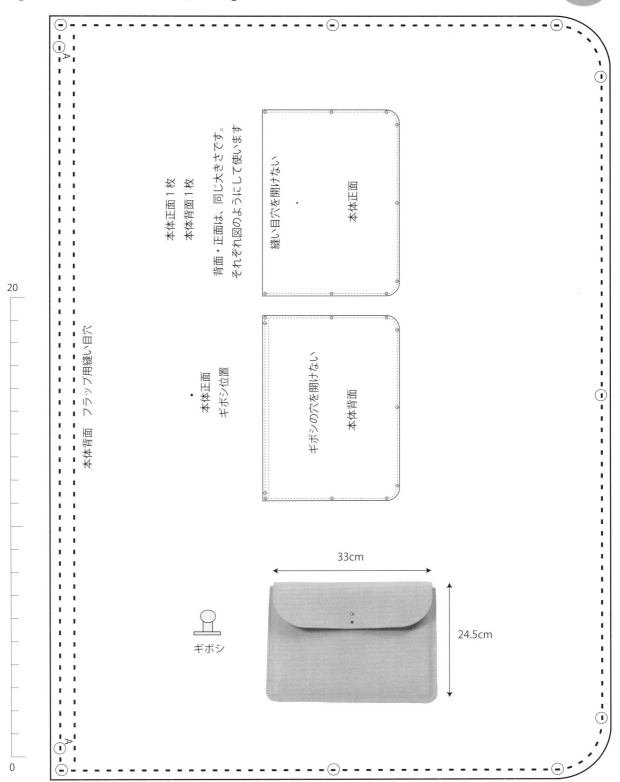

本体正面 1枚
本体背面 1枚

背面・正面は、同じ大きさです。
それぞれ図のようにして使います

縫い目穴を開けない

本体正面

ギボシの穴を開けない

本体背面

本体正面
ギボシ位置

本体背面 フラップ用縫い目穴

ギボシ

33cm

24.5cm

20

0

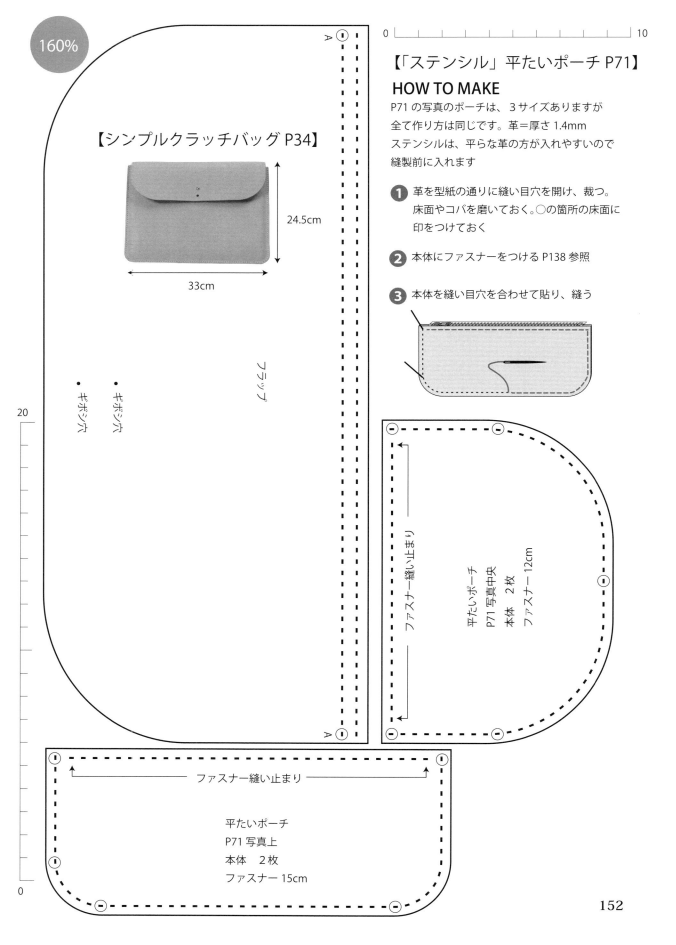

160%

【シンプルクラッチバッグ P34】

24.5cm

33cm

フラップ

ギボシ穴

ギボシ穴

20

A

0 |————————————| 10

【「ステンシル」平たいポーチ P71】
HOW TO MAKE

P71 の写真のポーチは、3 サイズありますが
全て作り方は同じです。革＝厚さ 1.4mm
ステンシルは、平らな革の方が入れやすいので
縫製前に入れます

1 革を型紙の通りに縫い目穴を開け、裁つ。
床面やコバを磨いておく。○の箇所の床面に
印をつけておく

2 本体にファスナーをつける P138 参照

3 本体を縫い目穴を合わせて貼り、縫う

ファスナー縫い止まり

平たいポーチ
P71 写真中央
本体　2枚
ファスナー 12cm

ファスナー縫い止まり

平たいポーチ
P71 写真上
本体　2枚
ファスナー 15cm

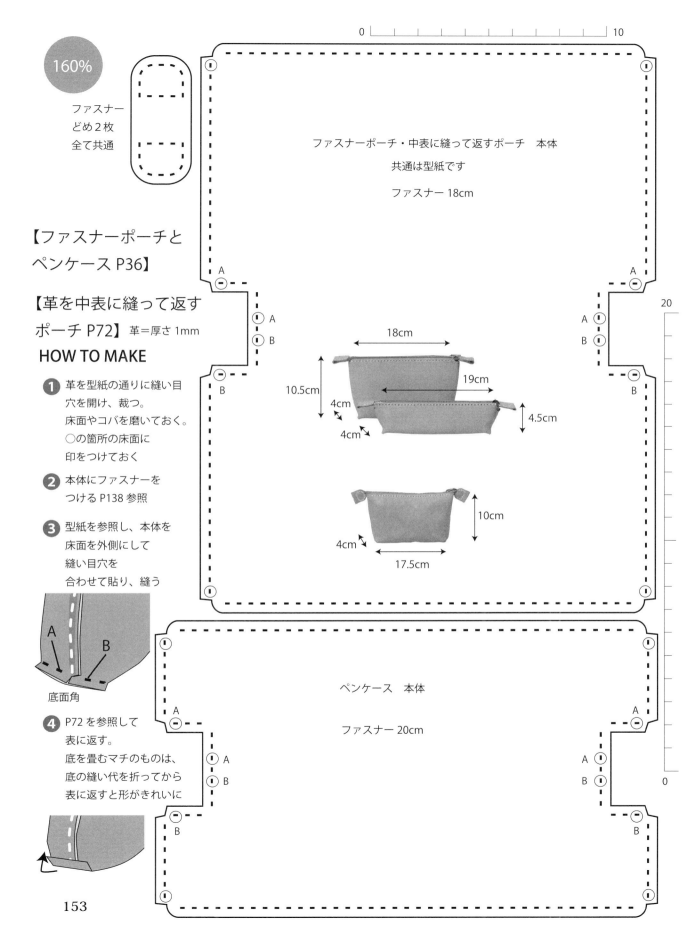

160%

ファスナー
どめ2枚
全て共通

0 ——— 10

ファスナーポーチ・中表に縫って返すポーチ　本体

共通は型紙です

ファスナー 18cm

A　A

A
B

A
B

B

20

【ファスナーポーチと
ペンケース P36】

【革を中表に縫って返す
ポーチ P72】 革＝厚さ1mm

HOW TO MAKE

1 革を型紙の通りに縫い目
穴を開け、裁つ。
床面やコバを磨いておく。
○の箇所の床面に
印をつけておく

2 本体にファスナーを
つける P138 参照

3 型紙を参照し、本体を
床面を外側にして
縫い目穴を
合わせて貼り、縫う

A　B

底面角

4 P72 を参照して
表に返す。
底を畳むマチのものは、
底の縫い代を折ってから
表に返すと形がきれいに

18cm

19cm

10.5cm

4cm

4cm

4.5cm

10cm

4cm

17.5cm

ペンケース　本体

ファスナー 20cm

A　A

A
B

A
B

B　B

20

0

0 |————————————| 10

160%

本体①　2枚

A

A

31cm

5 cm

21.5cm

20

持ち手①　2枚

A

A

154

0

160%

【縦長トートバッグ P38】　0 ———————————— 10

B　C

B　C

本体②

本体と持ち手は、それぞれ印を合わせて貼る。

本体①　　本体②　　本体①

持ち手①　　持ち手②

20

B　C

B　C

持ち手②　2枚

A

A

0
155

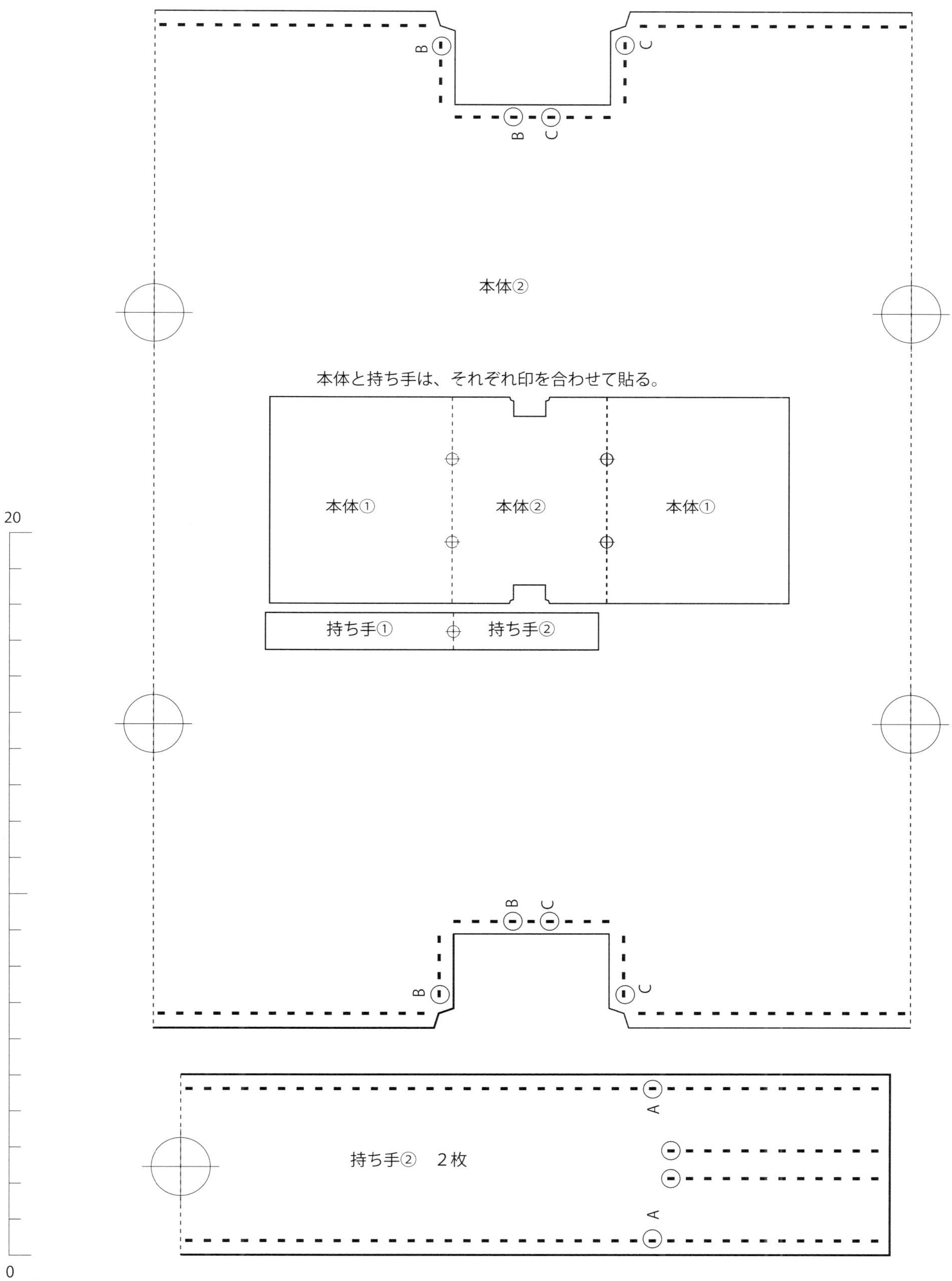

【底を畳むショルダーバッグ P40】

ストラップの型紙と作り方は P74 に掲載

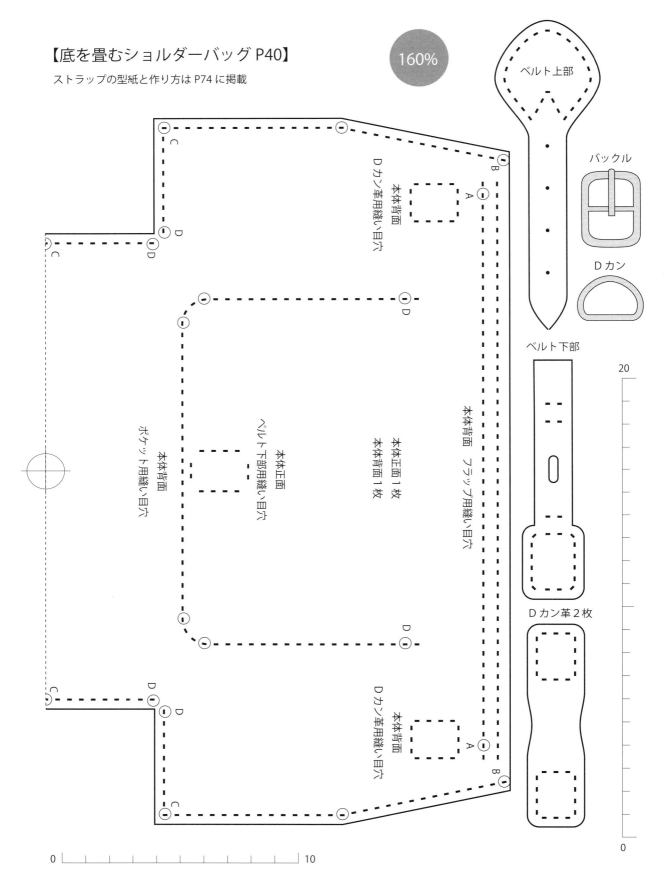

160%

ベルト上部

バックル

D カン

C

D カン革用縫い目穴

本体背面

A

D

C
D

本体背面

ポケット用縫い目穴

本体背面

ベルト下部用縫い目穴

本体正面

本体正面 1 枚
本体背面 1 枚

本体背面 フラップ用縫い目穴

D

ベルト下部

D

C
D

本体背面

D カン革用縫い目穴

A

B

本体正面

D カン革 2 枚

20

0 └─────────────────┘ 10

0

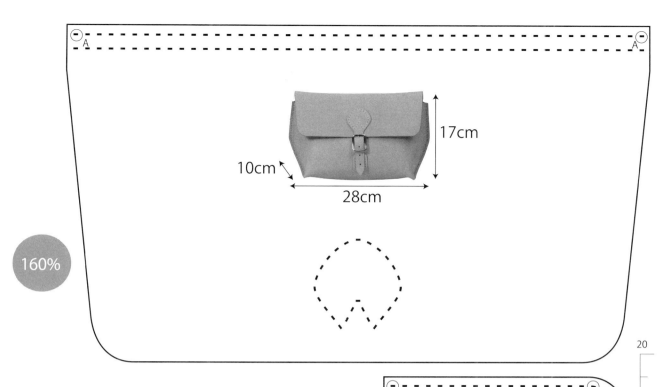

17cm

10cm

28cm

160%

【底を畳むショルダーバッグ P40】

本体背面・正面は、同じ大きさです。
2枚コピーし、貼り合わせ
それぞれ図のようにして使います

正面側　　　　　　　　　　背面側

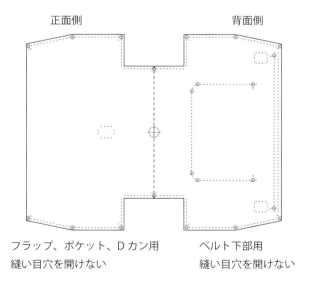

フラップ、ポケット、D カン用
縫い目穴を開けない

ベルト下部用
縫い目穴を開けない

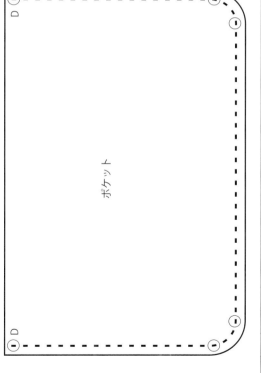

ポケット

20

0

0　　　　　　　　　　　　　10

【底を畳むショルダーバッグ P40】

HOW TO MAKE

1 革を型紙の通りに縫い目穴を開け、裁つ。
床面やコバを磨いておく。○の箇所の
床面に印をつけておく

縫う

2 ベルト下部にバックルを通し、
縫い目穴を合わせて接着、図の箇所を縫う。
D カン革に D カンを通し縫い目穴を合わせて
接着する。P83 参照

3 本体にパーツを、型紙を参照して
縫い目穴を合わせて接着し縫う

4 本体を畳み、型紙を参照して
B は入れ口から、
C は、縫い目穴まで
縫い目穴を合わせて接着し、
縫う

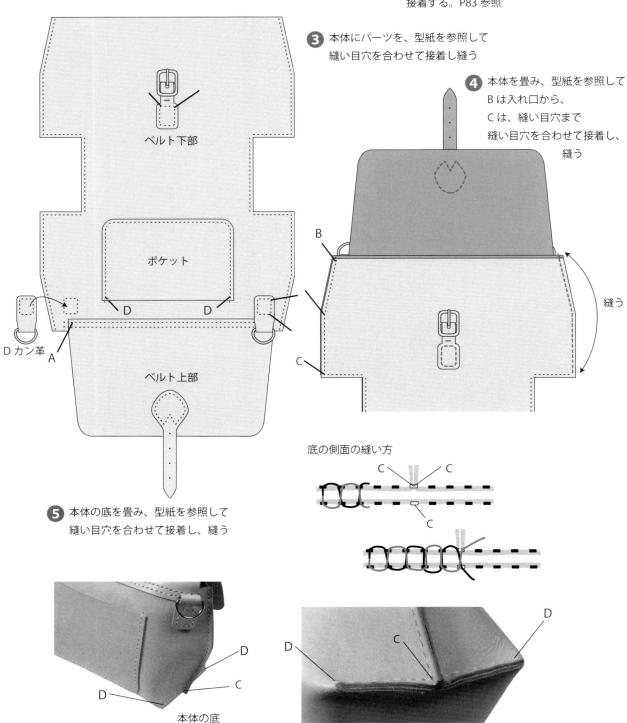

ベルト下部

ポケット

D カン革 A

ベルト上部

D   D

B

C

縫う

底の側面の縫い方

C   C

C

5 本体の底を畳み、型紙を参照して
縫い目穴を合わせて接着し、縫う

D

C

D

本体の底

D

C

D

158

【箱型のクラッチバッグ P42】

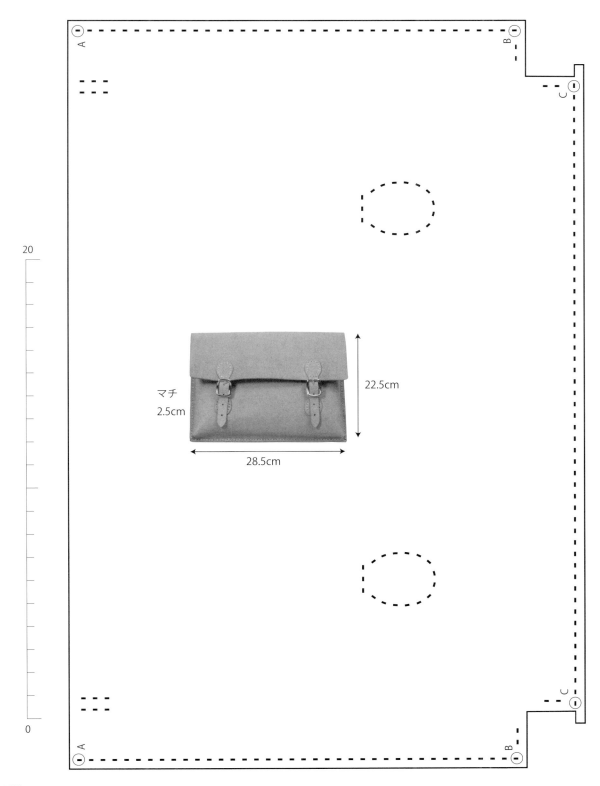

マチ
2.5cm

22.5cm

28.5cm

0 |___|___|___|___|___|___|___|___|___|___| 10

160%

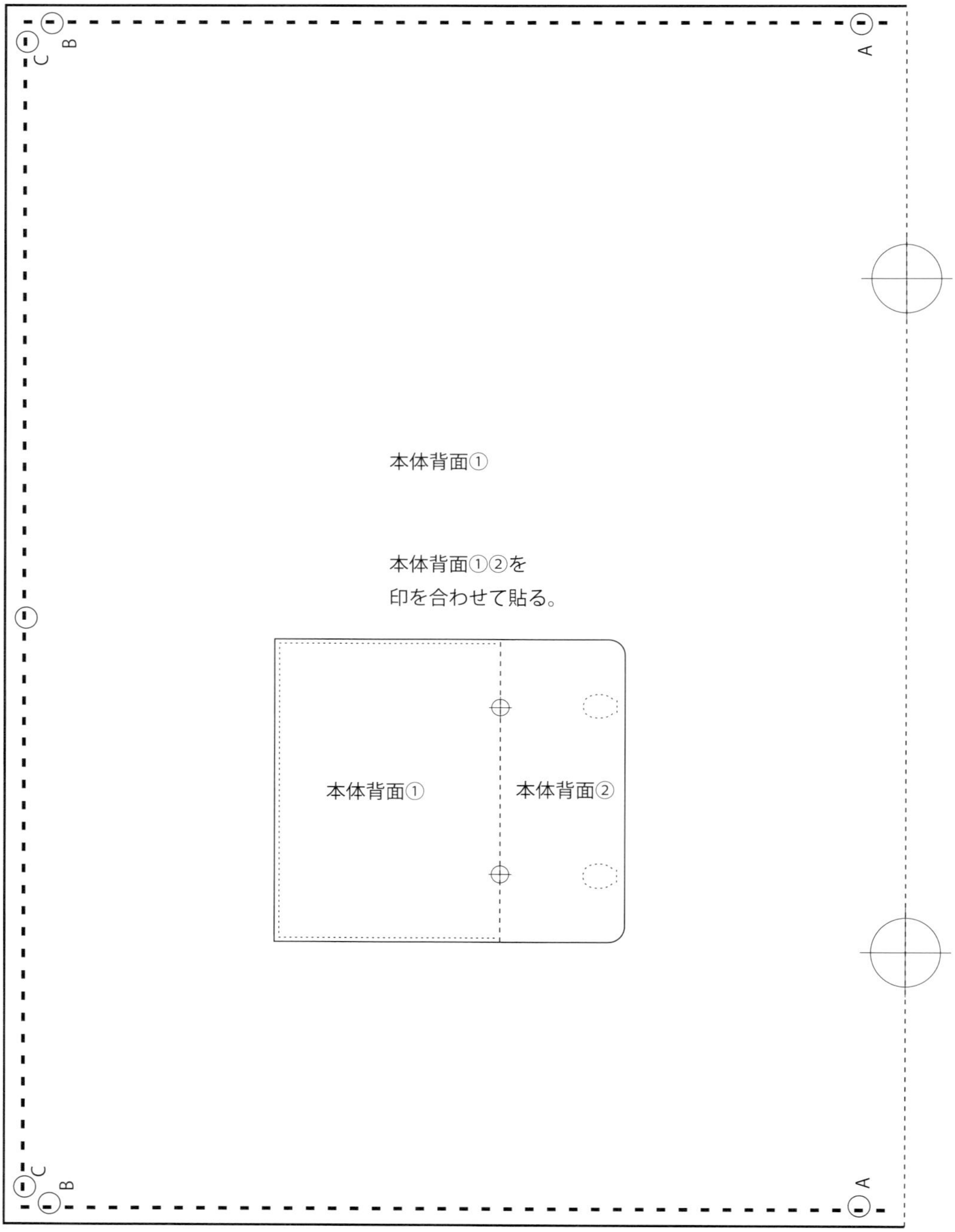

C
B
A

本体背面①

本体背面①②を
印を合わせて貼る。

本体背面①　本体背面②

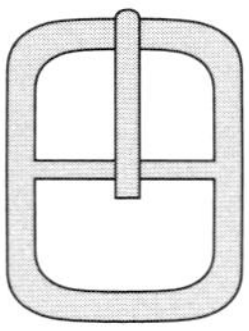

バックル

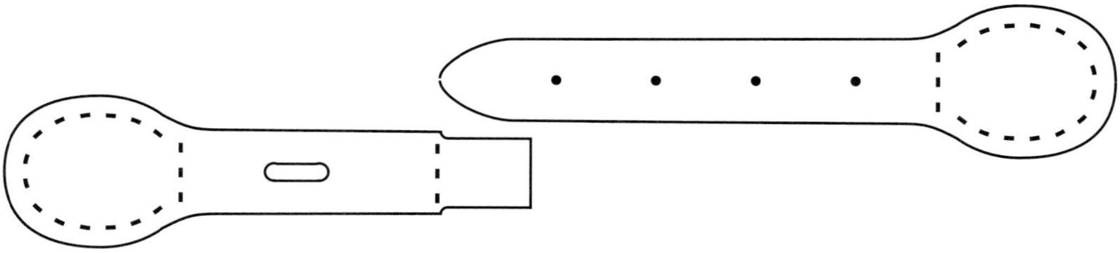

20

0

160%

20

本体背面②

0

0   10

USB には、いろいろな形のものがある。
型紙を切り抜き、USB を置き
フラップの長さを調節しておく

6 cm

マチ
1.5cm   4 cm

【箱型 USB ケース P44】

HOW TO MAKE

❶ 革を型紙の通りに
縫い目穴を開け、裁つ。
床面やコバを磨いておく。
○の箇所の床面に印を
つけておく

❷ 本体の片側にバネホック
をつける P79 参照。
革を湿らせ、本体の
正面側、マチ、縫い代
を折る

❸ 型紙を参照し
側面を縫い目穴を
合わせて接着し、
縫う

A

B

❹ フラップにバネホックを
位置を調整してつける
P81 参照

ホック

紐穴 •

A   A

本体

B   B

B   B

ホック
•

A   A

【箱型ペンケース P44】

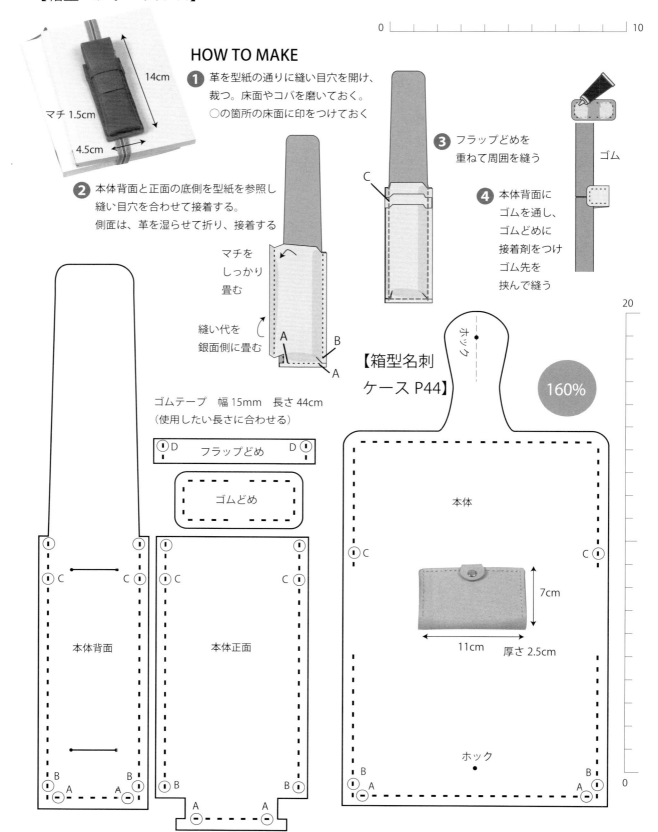

14cm

マチ 1.5cm

4.5cm

0 ⎿⎽⎽⎽⎽⎽⎽⎽⎽⎽⎽⎽⎽⎽⎽⎽⎽⎽⎽⎽⎽⎿ 10

HOW TO MAKE

1 革を型紙の通りに縫い目穴を開け、
裁つ。床面やコバを磨いておく。
○の箇所の床面に印をつけておく

2 本体背面と正面の底側を型紙を参照し
縫い目穴を合わせて接着する。
側面は、革を湿らせて折り、接着する

マチを
しっかり
畳む

縫い代を
銀面側に畳む

A
A
B

3 フラップどめを
重ねて周囲を縫う

C

ゴム

4 本体背面に
ゴムを通し、
ゴムどめに
接着剤をつけ
ゴム先を
挟んで縫う

ゴムテープ　幅 15mm　長さ 44cm
（使用したい長さに合わせる）

D フラップどめ D

ゴムどめ

本体背面

本体正面

A　A
B　B

【箱型名刺ケース P44】

160%

20

ホック

本体

C

C

7cm

11cm　厚さ 2.5cm

C

C

ホック

B　A
A　B

0

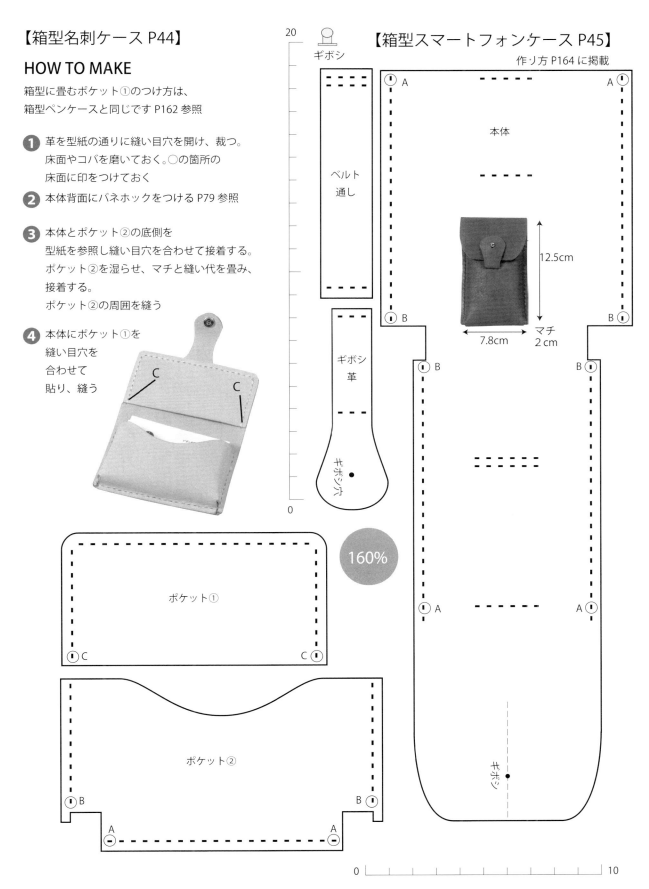

【箱型名刺ケース P44】

HOW TO MAKE

箱型に畳むポケット①のつけ方は、
箱型ペンケースと同じです P162 参照

1 革を型紙の通りに縫い目穴を開け、裁つ。
床面やコバを磨いておく。○の箇所の
床面に印をつけておく

2 本体背面にバネホックをつける P79 参照

3 本体とポケット②の底側を
型紙を参照し縫い目穴を合わせて接着する。
ポケット②を湿らせ、マチと縫い代を畳み、
接着する。
ポケット②の周囲を縫う

4 本体にポケット①を
縫い目穴を
合わせて
貼り、縫う

C
C

【箱型スマートフォンケース P45】

作り方 P164 に掲載

12.5cm

7.8cm

マチ
2 cm

20

ギボシ

ベルト通し

ギボシ革

ギボシ穴

0

A

A

本体

B

B

B

B

A

A

160%

ギボシ

ポケット①

C

C

ポケット②

B

B

A

A

0 |___|___|___|___|___|___|___|___|___|___| 10

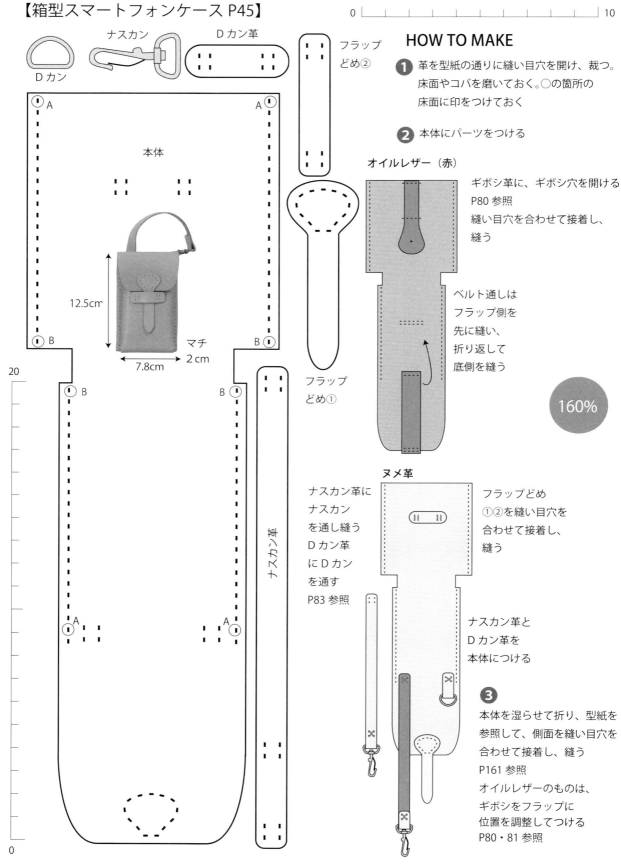

【箱型スマートフォンケース P45】

0 ⌞⌞⌞⌞⌞⌞⌞⌞⌞⌞⌟ 10

Dカン　ナスカン　Dカン革

A　本体　A

12.5cm

マチ
2cm

7.8cm

B　B

20

B　B

ナスカン革

A　A

フラップ
どめ②

フラップ
どめ①

HOW TO MAKE

❶ 革を型紙の通りに縫い目穴を開け、裁つ。
床面やコバを磨いておく。○の箇所の
床面に印をつけておく

❷ 本体にパーツをつける

オイルレザー（赤）

ギボシ革に、ギボシ穴を開ける
P80 参照
縫い目穴を合わせて接着し、
縫う

ベルト通しは
フラップ側を
先に縫い、
折り返して
底側を縫う

160%

ヌメ革

ナスカン革に
ナスカン
を通し縫う
Dカン革
にDカン
を通す
P83 参照

フラップどめ
①②を縫い目穴を
合わせて接着し、
縫う

ナスカン革と
Dカン革を
本体につける

❸

本体を湿らせて折り、型紙を
参照して、側面を縫い目穴を
合わせて接着し、縫う
P161 参照
オイルレザーのものは、
ギボシをフラップに
位置を調整してつける
P80・81 参照

差し込み錠前

いろいろな
形のものが
あるので、
開ける穴は、
使用する
ものに
合わせて
開ける

160%

補強革

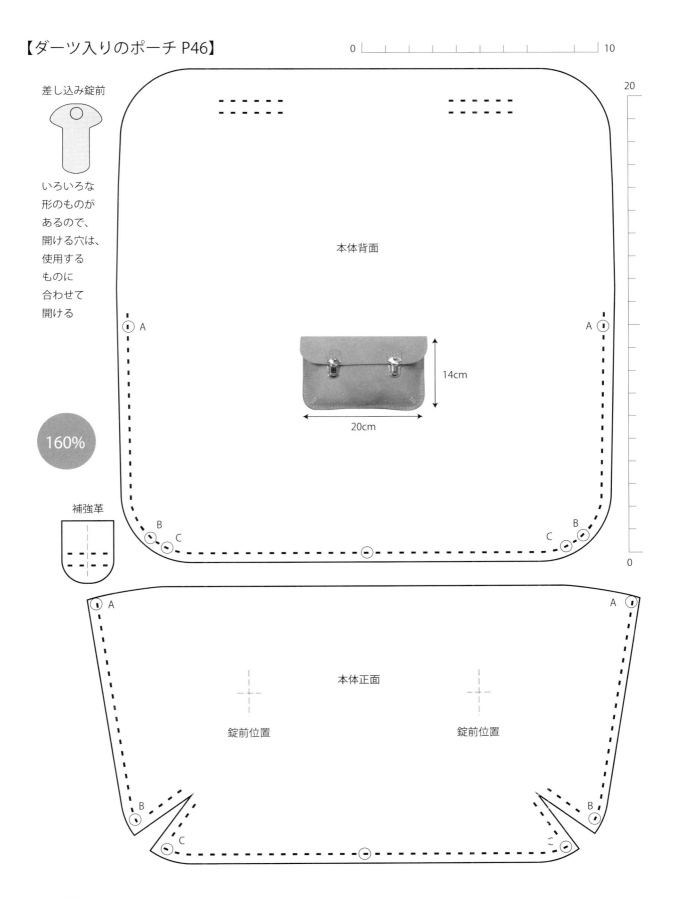

0 ⎓ 10

20

本体背面

14cm

20cm

A

A

B

C

C

B

0

A

A

本体正面

錠前位置

錠前位置

B

C

B

C

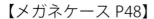
【メガネケース P48】

HOW TO MAKE

1 革を型紙の通りに縫い目穴を開け、裁つ。
床面やコバを磨いておく。○の箇所の
床面に印をつけておく

2 クッション革を曲げながら本体と
縫い目穴を合わせて接着し、縫う

3 本体を畳み、革を曲げながら、
縫い目穴を合わせて接着し、縫う

160%

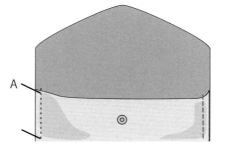

A

4 メガネを入れ、P81 を参照して
フラップ側のホック位置を決め
バネホックをつける

バネホックをつける P79 参照

6cm

17cm

クッション革

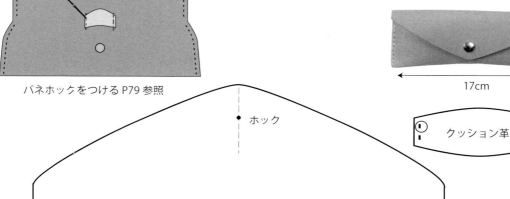

● ホック

A

A

● ホック

A

A

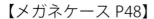
166

【マチを畳む小さなポーチ P49（上）】

HOW TO MAKE

1 革を型紙の通りに縫い目穴を開け、裁つ。
床面やコバを磨いておく。○の箇所の
床面に印をつけておく

2 バネホックを片側につける P79 参照
本体側面のギャザーを
畳みながら
縫い目穴を合わせて縫う

3 型紙を参照し、本体の側面を
縫い目穴を合わせて妾着し、縫う

4 中に物をいれてから、P81 を参照して
フラップ側のホック位置を決め
バネホックをつける

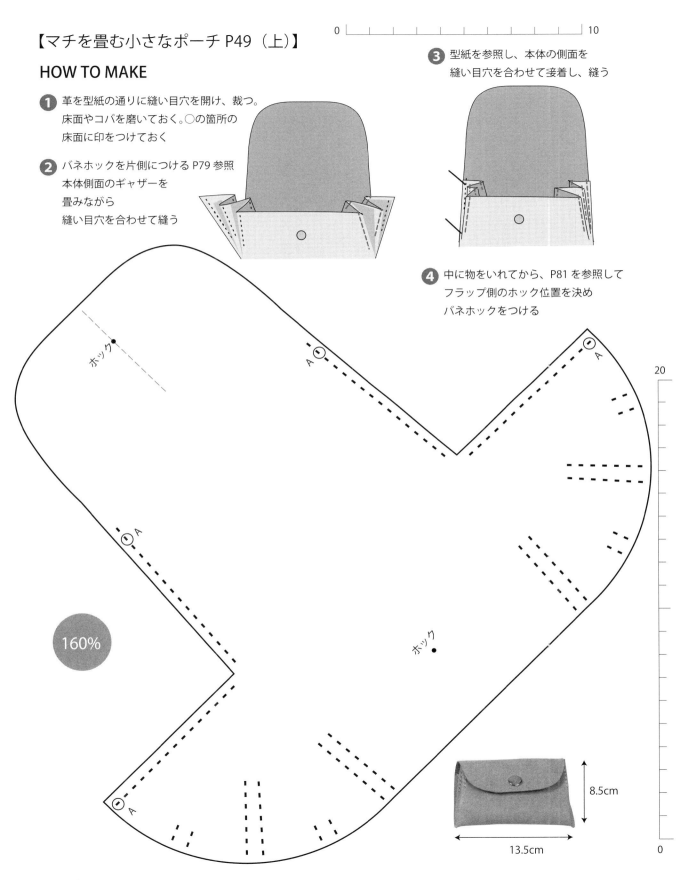

ホック

160%

A

A

A

ホック

8.5cm

13.5cm

0 — 10

20

0

【マチを畳む小さなポーチ P49（下）】　0 |———————————| 10

HOW TO MAKE

1 革を型紙の通りに縫い目穴を開け、裁つ。
床面やコバを磨いておく。○の箇所の
床面に印をつけておく

2 バネホックを片側につける P79 参照
本体を畳み、革を曲げながら、
縫い目穴を合わせて接着し、周囲を縫う

3 中に物を入れ P81 を参照して
フラップ側のホック位置を決め
バネホックをつける

【ペットボトル
ホルダー P50】

ナスカン革
長さ 16〜18

D カン革

160%

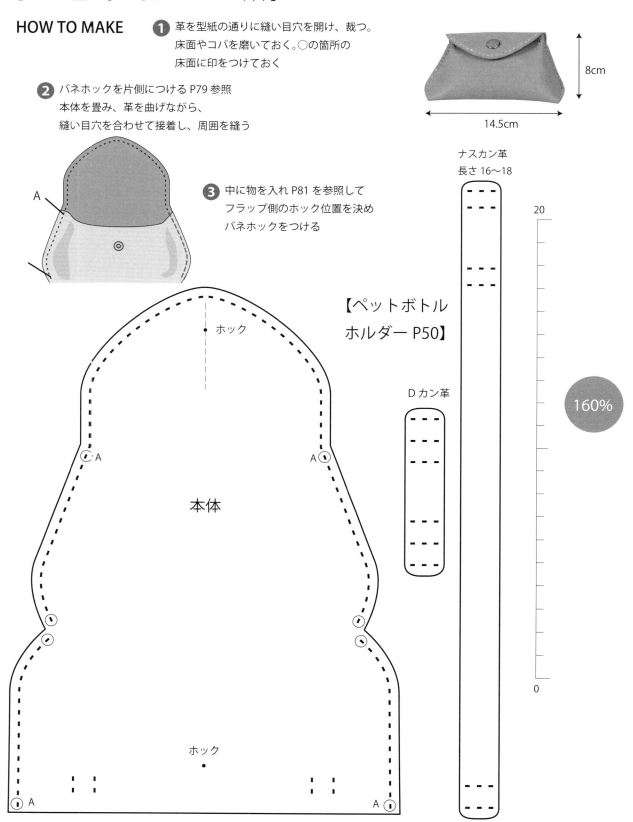

A

ホック

A　　　A

本体

ホック

A　　　　　A

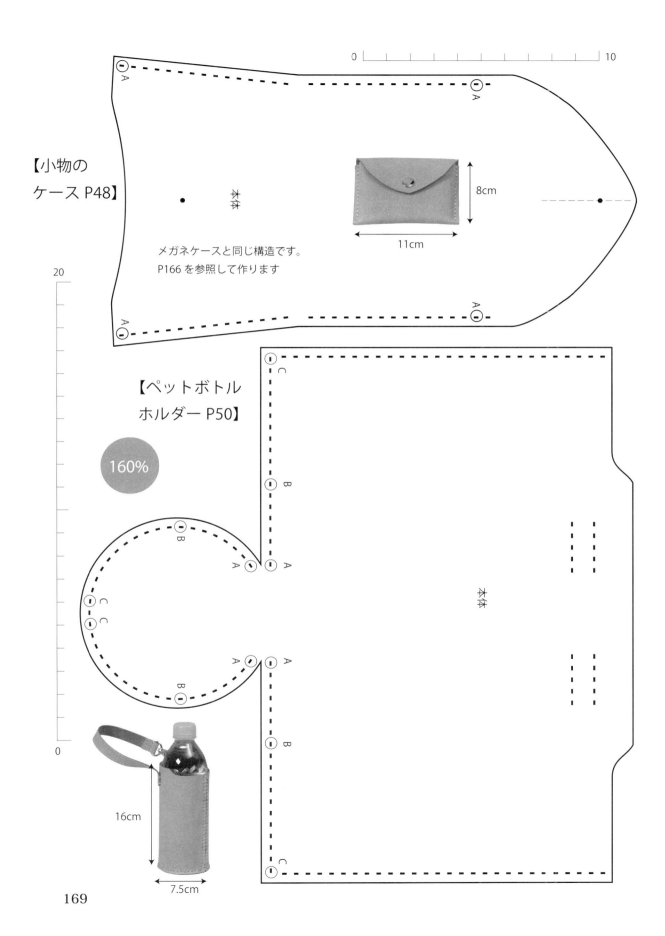

【小物の
ケース P48】

本体

8cm

11cm

メガネケースと同じ構造です。
P166 を参照して作ります

0 ⊢———————————⊣ 10

20

【ペットボトル
ホルダー P50】

160%

A

B

本体

A

A

B

C

C

16cm

7.5cm

【「いろいろなヌメ革」巾着 P54】 **160%**

紐 それぞれ 幅 5 mm 長さ 55cm

0 |————————————————| 10

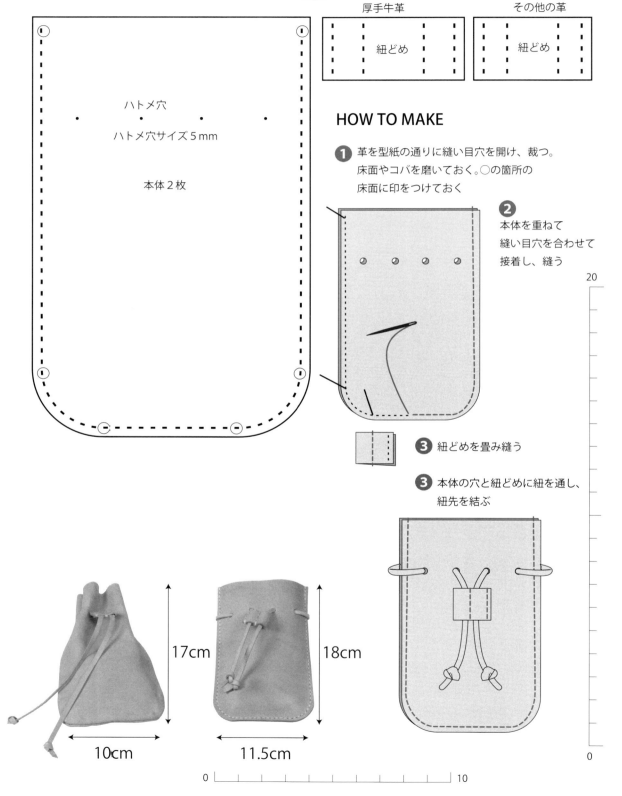

厚手牛革	その他の革
紐どめ	紐どめ

ハトメ穴

ハトメ穴サイズ 5 mm

本体 2 枚

HOW TO MAKE

❶ 革を型紙の通りに縫い目穴を開け、裁つ。
床面やコバを磨いておく。○の箇所の
床面に印をつけておく

❷
本体を重ねて
縫い目穴を合わせて
接着し、縫う

❸ 紐どめを畳み縫う

❸ 本体の穴と紐どめに紐を通し、
紐先を結ぶ

17cm

10cm

18cm

11.5cm

0 |————————————————| 10

【「液体染料の染色」ネームタグ P56】

革＝厚さ 1.4mm

HOW TO MAKE

1 革を型紙の通りに縫い目穴を開け、裁つ。
床面やコバを磨いておく。○の箇所の
床面に印をつけておく

160%

正面　　背面

本体背面は、
中央の窓を切らない

ネーム　①

本体正面1枚
本体背面1枚

2 本体を重ねて
縫い目穴を合わせて
接着し、縫う

3 ストラップの片側に
バネホックをつける
P79 参照

ネーム　②

本体正面1枚
本体背面1枚

4 本体にストラップを通し
もう一方にも
バネホックをつける

7.5cm

7.5cm

6cm

6cm

7.5cm

ネーム　③

本体正面1枚
本体背面1枚

10.5cm

6cm

7cm

ホック　　ストラップ①②　　ホック

ホック　　ストラップ②③　　ホック

ネーム　④

本体正面1枚
本体背面1枚

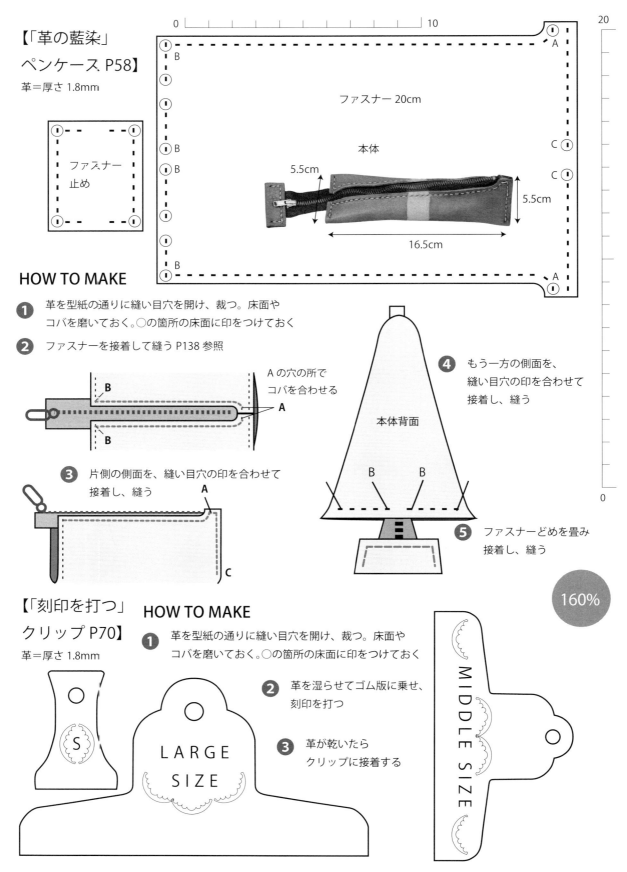

【「革の藍染」ペンケース P58】

革＝厚さ 1.8mm

ファスナー止め

ファスナー 20cm

本体

5.5cm

5.5cm

16.5cm

HOW TO MAKE

1 革を型紙の通りに縫い目穴を開け、裁つ。床面やコバを磨いておく。○の箇所の床面に印をつけておく

2 ファスナーを接着して縫う P138 参照

A の穴の所でコバを合わせる

3 片側の側面を、縫い目穴の印を合わせて接着し、縫う

4 もう一方の側面を、縫い目穴の印を合わせて接着し、縫う

本体背面

5 ファスナーどめを畳み接着し、縫う

160%

【「刻印を打つ」クリップ P70】

革＝厚さ 1.8mm

HOW TO MAKE

1 革を型紙の通りに縫い目穴を開け、裁つ。床面やコバを磨いておく。○の箇所の床面に印をつけておく

2 革を湿らせてゴム版に乗せ、刻印を打つ

3 革が乾いたらクリップに接着する

S

LARGE SIZE

MIDDLE SIZE

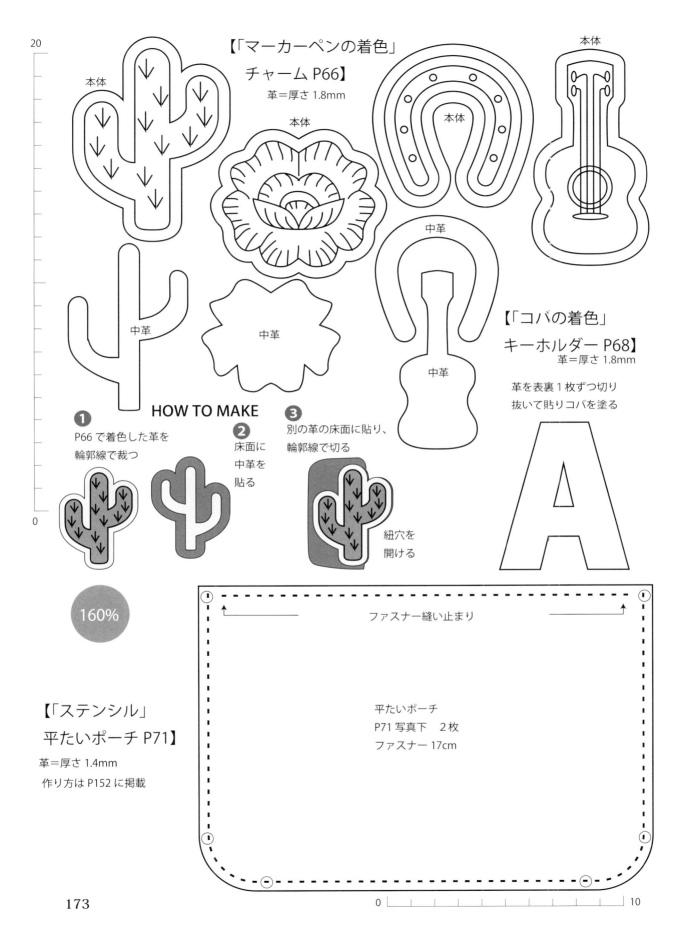

本体

【「マーカーペンの着色」
チャーム P66】
革＝厚さ 1.8mm

本体

本体

本体

中革

中革

中革

中革

【「コバの着色」
キーホルダー P68】
革＝厚さ 1.8mm

革を表裏 1 枚ずつ切り
抜いて貼りコバを塗る

HOW TO MAKE

❶ P66 で着色した革を
輪郭線で裁つ

❷ 床面に
中革を
貼る

❸ 別の革の床面に貼り、
輪郭線で切る

紐穴を
開ける

160%

A

【「ステンシル」
平たいポーチ P71】
革＝厚さ 1.4mm
作り方は P152 に掲載

ファスナー縫い止まり

平たいポーチ
P71 写真下　2枚
ファスナー 17cm

0 　　　　　　10

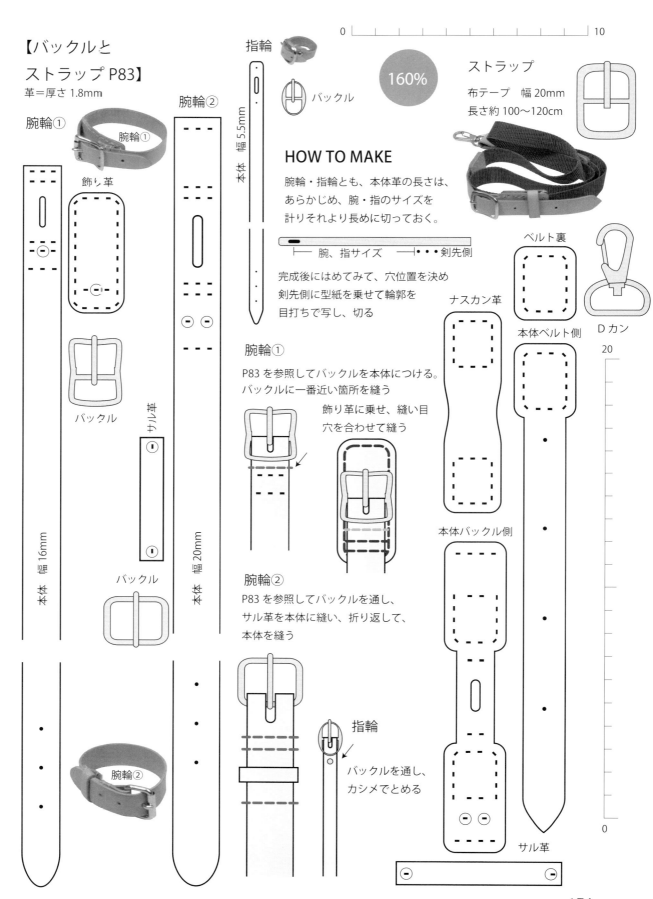

【バックルと ストラップ P83】
革＝厚さ 1.8mm

腕輪①

腕輪②

指輪

本体 幅 5.5mm

指輪

バックル

160%

ストラップ
布テープ　幅 20mm
長さ約 100〜120cm

HOW TO MAKE
腕輪・指輪とも、本体革の長さは、
あらかじめ、腕・指のサイズを
計りそれより長めに切っておく。

腕、指サイズ ••• 剣先側

完成後にはめてみて、穴位置を決め
剣先側に型紙を乗せて輪郭を
目打ちで写し、切る

腕輪①
P83 を参照してバックルを本体につける。
バックルに一番近い箇所を縫う

飾り革に乗せ、縫い目
穴を合わせて縫う

腕輪②
P83 を参照してバックルを通し、
サル革を本体に縫い、折り返して、
本体を縫う

飾り革

腕輪①

バックル

サル革

本体 幅 16mm

バックル

本体 幅 20mm

腕輪②

指輪

バックルを通し、
カシメでとめる

ベルト裏

ナスカン革

本体ベルト側

Dカン

本体バックル側

サル革

【双眼鏡入れ P88】 革紐幅約 4 mm 長さ約 130〜140cm

ギボシ穴

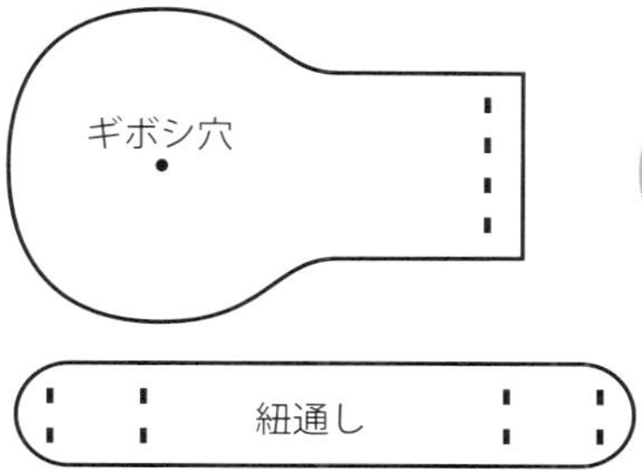

160%

紐通し

【底マチのクラッチバッグ P90】

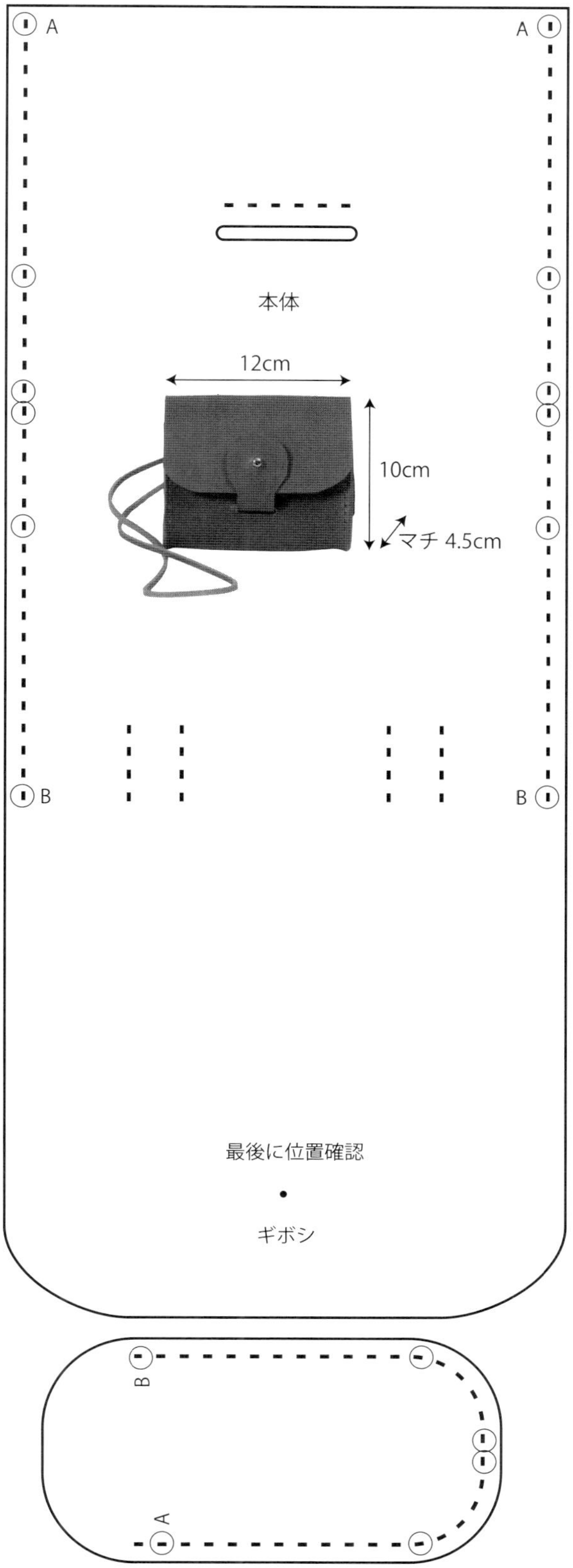

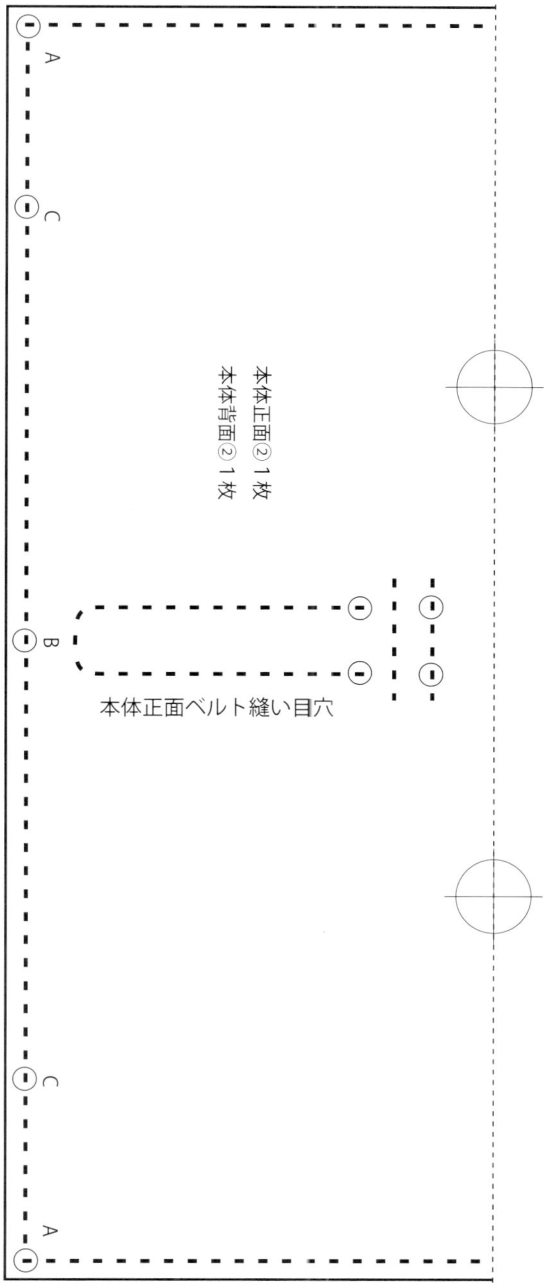

A

A

本体

12cm

10cm

マチ 4.5cm

20

B

B

A

C

本体正面②1枚
本体背面②1枚

B

本体正面ベルト縫い目穴

最後に位置確認

・

ギボシ

C

B

A

A

175

0 ————————— 10

ベルト（繊コキ）金具

背面ベルト

正面ベルト

160%

本体正面①1枚
本体背面①1枚

本体背面ベルト縫い目穴

27.5cm

18cm

7 cm

本体①②を
印を合わせて貼る。
2枚作る

本体正面

本体背面

20

0

C   B   C

A   本体底   A

C   B   C

本体の正面・背面は、
同じ大きさです。
型紙には両方の
ベルト縫い目穴が
記されていますが、
それぞれ、指示された
縫い目穴のみ
開けます

【ツートンのトートバッグ P92】

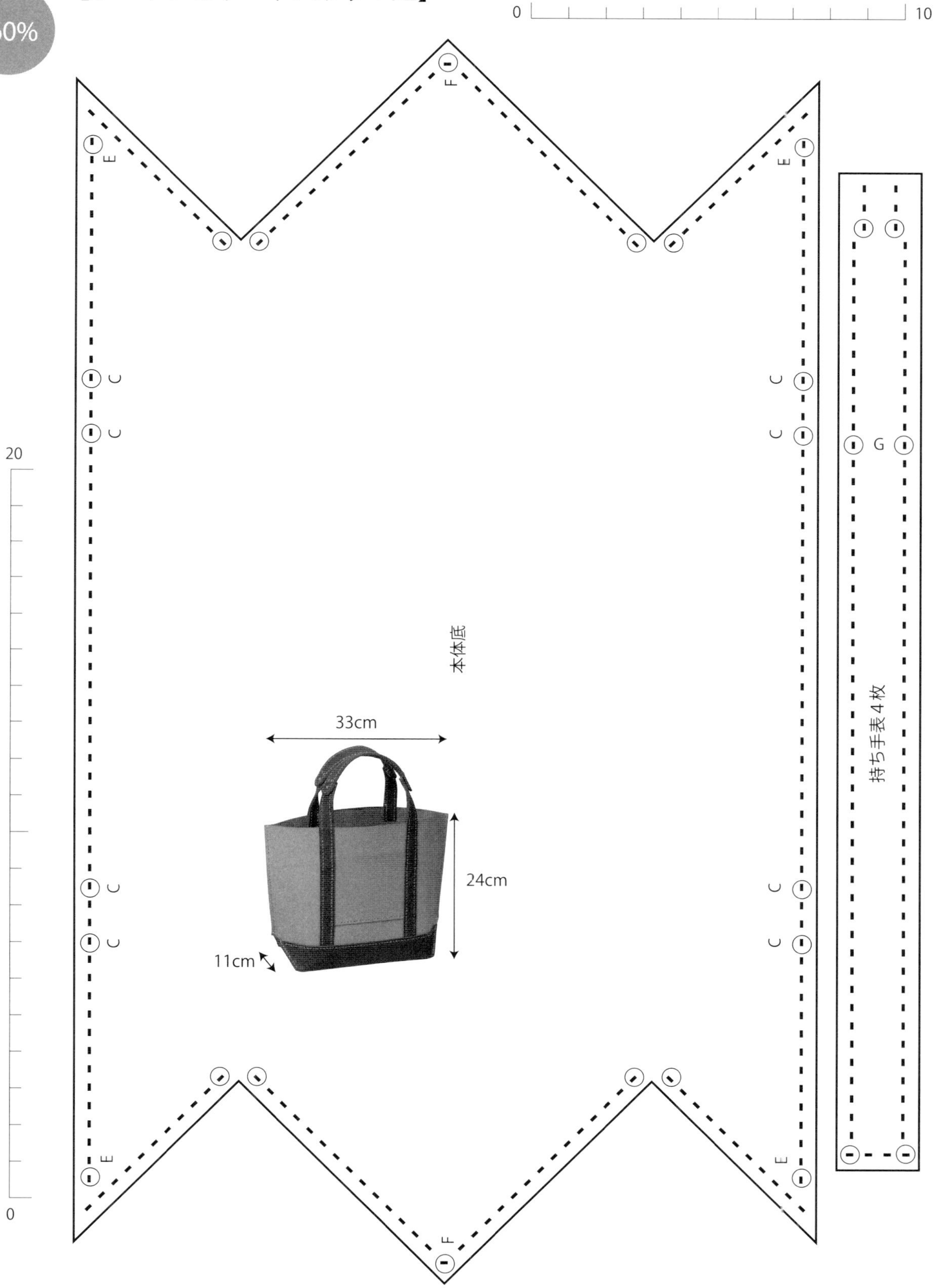

0 ─────────────── 10

20

0

本体底

持ち手表4枚

E

F

E

C

C

C

C

E

F

E

C

C

C

C

G

33cm

24cm

11cm

【ツートンのトートバッグ P92】　160%

0 |—|—|—|—|—|—|—|—|—|—| 10

本体の正面・背面は、
同じ大きさです。
ポケットの
縫い目穴は、
本体正面のみに開けます

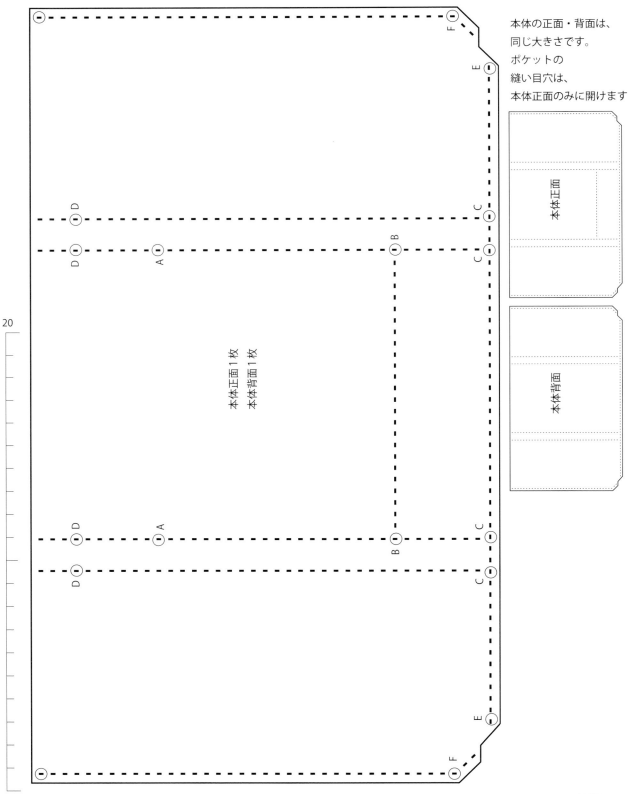

本体正面1枚
本体背面1枚

本体正面

本体背面

20

0

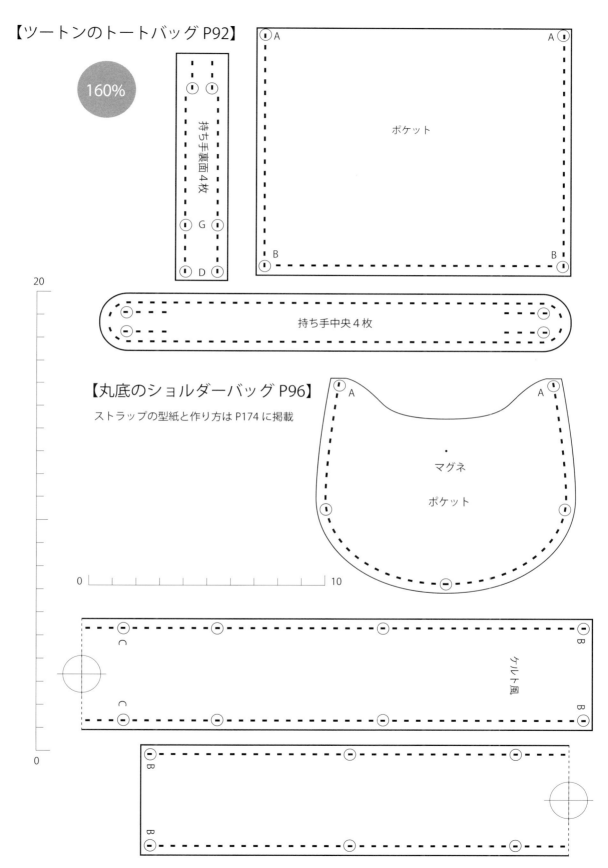

【ツートンのトートバッグ P92】

160%

持ち手裏面4枚

G

D

A   A

ポケット

B   B

持ち手中央4枚

20

【丸底のショルダーバッグ P96】

ストラップの型紙と作り方は P174 に掲載

A   A

マグネ

ポケット

0 ————————————————— 10

C   B

C   キルト風   B

0

B

B   B

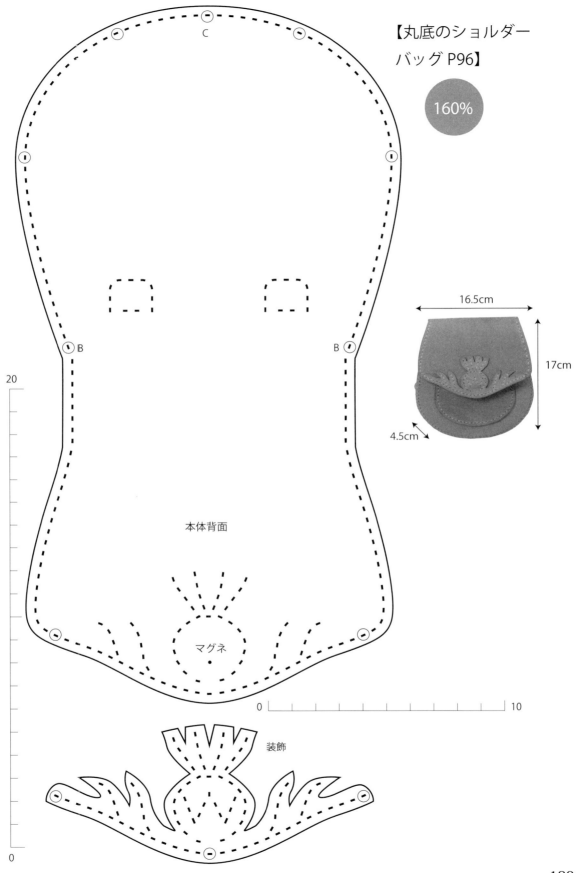

【丸底のショルダー
バッグ P96】

160%

C

B   B

本体背面

マグネ

装飾

16.5cm

17cm

4.5cm

20

0   10

0

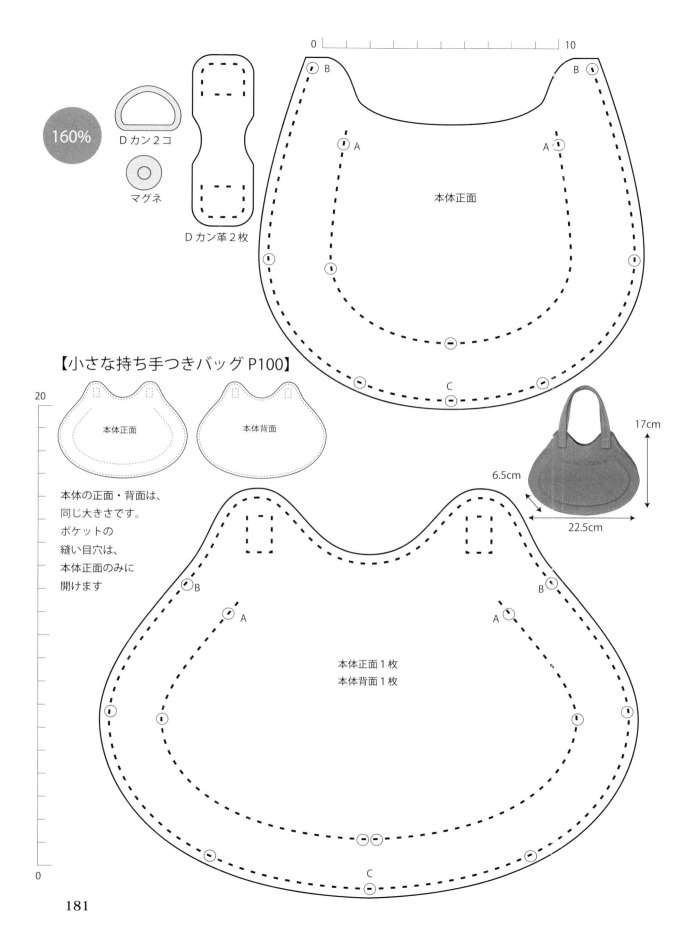

160%

Dカン2コ

マグネ

Dカン革2枚

本体正面

B A 本体正面 A B

C

【小さな持ち手つきバッグ P100】

本体正面　本体背面

本体の正面・背面は、
同じ大きさです。
ポケットの
縫い目穴は、
本体正面のみに
開けます

17cm

6.5cm

22.5cm

20

B A 本体正面1枚 本体背面1枚 A B

C

0

【小さな持ち手つきバッグ P100】 0 ⊢─────────────┤ 10

本体側面①

本体側面②

本体側面①②を
印を合わせて貼る。

本体
側面
①

本体
側面
②

持ち手 2枚

B　　　　　　B

B　　　　　B

C　　　　　C

A　　　　　　　　　　　　A

ポケット

160%

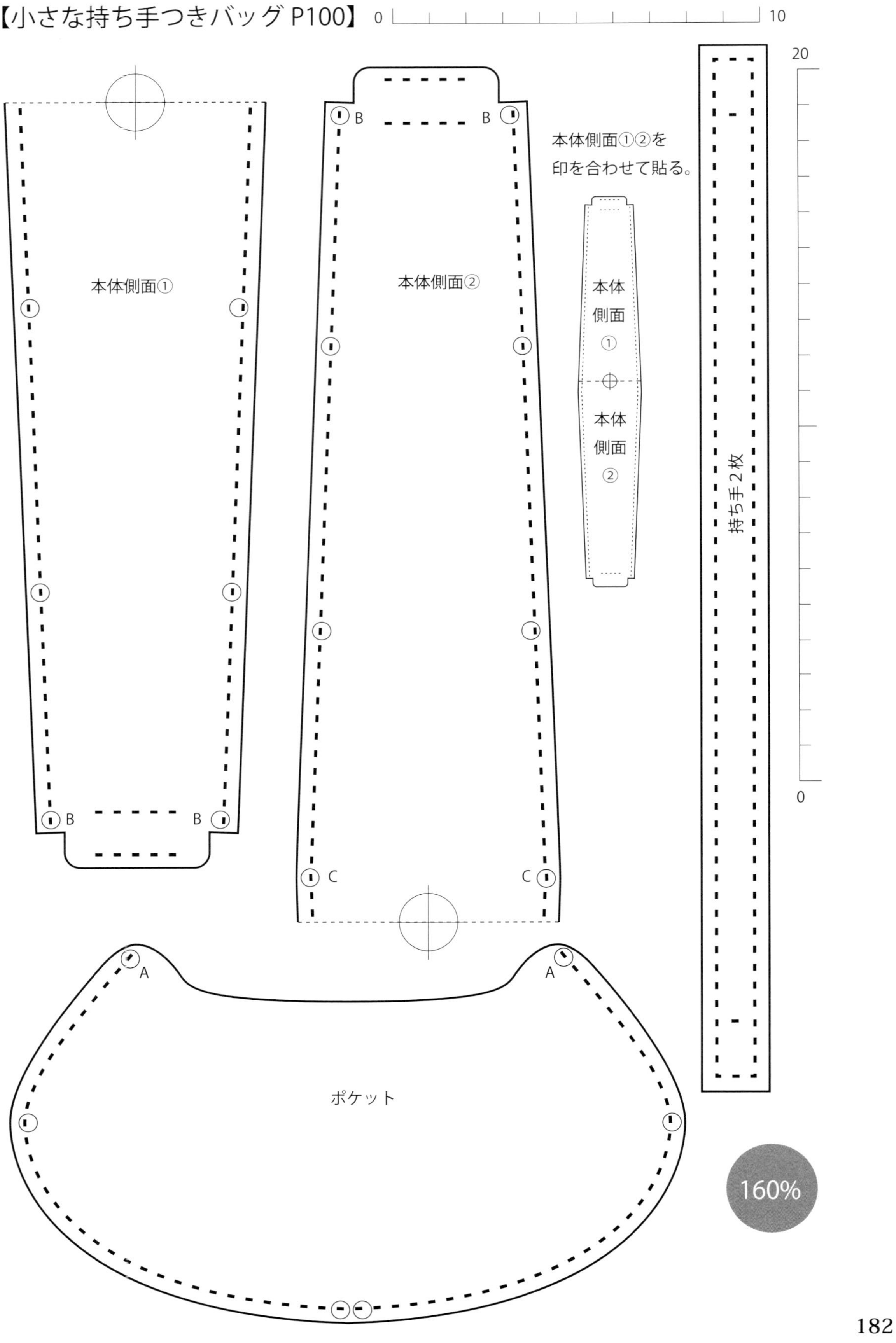

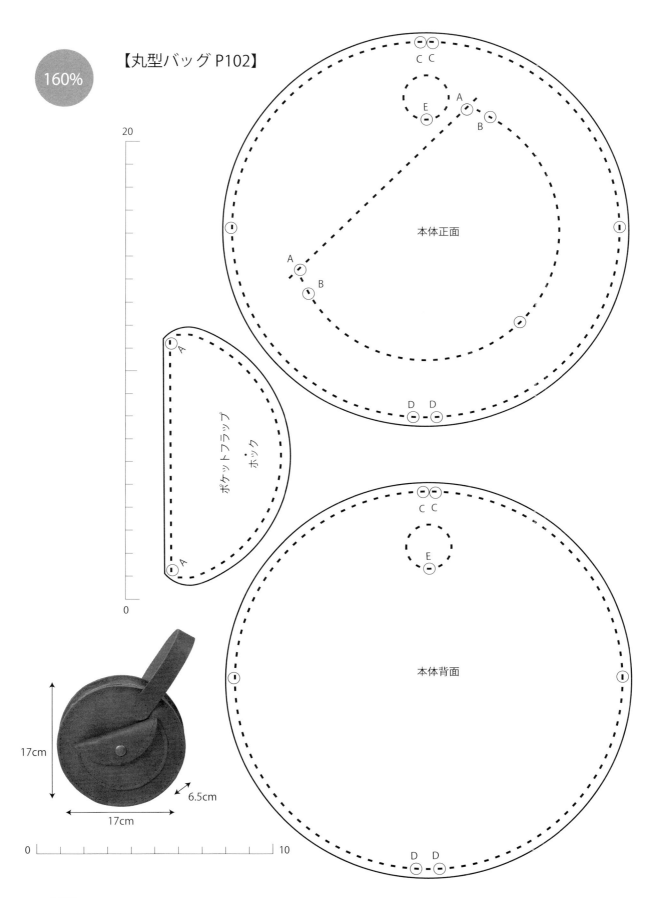

【丸型バッグ P102】

160%

本体正面

本体背面

ポケットフラップ
ポック

17cm

17cm

6.5cm

ファスナー 24cm

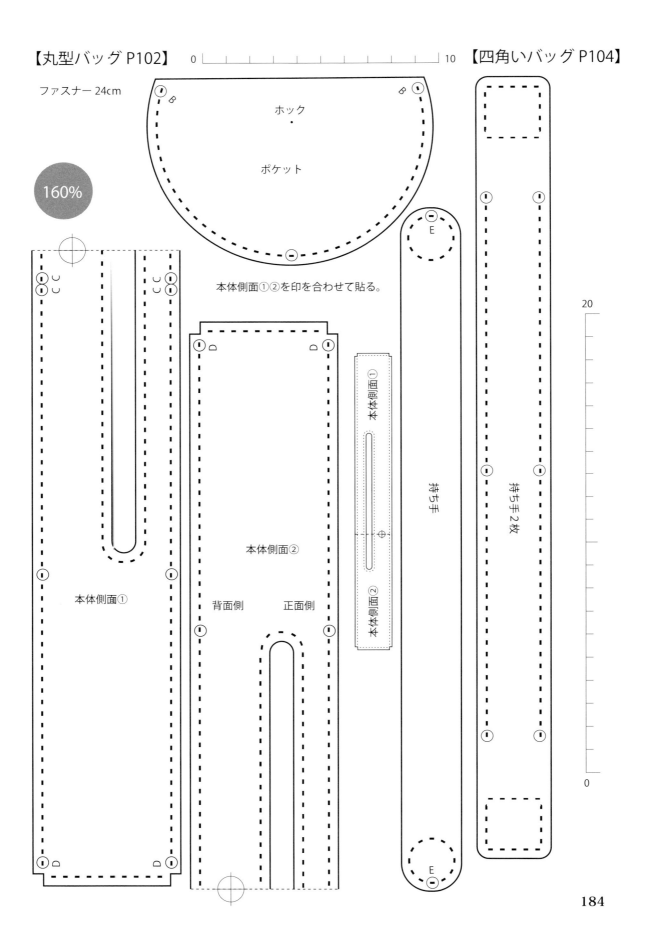

160%

ホック

ポケット

本体側面①②を印を合わせて貼る。

本体側面①

本体側面②

背面側　　　正面側

本体側面①

本体側面②

持ち手

E

持ち手2枚

20

0

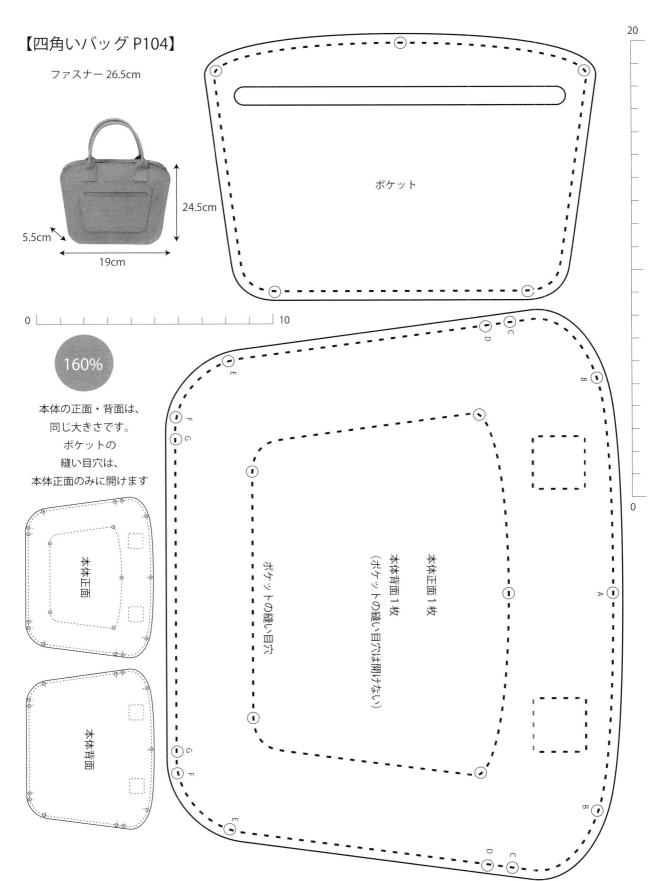

【四角いバッグ P104】

ファスナー 26.5cm

24.5cm

5.5cm

19cm

ポケット

20

0 ——————————— 10

160%

本体の正面・背面は、
同じ大きさです。
ポケットの
縫い目穴は、
本体正面のみに開けます

本体正面

本体背面

ポケットの縫い目

本体正面 1 枚
本体背面 1 枚
（ポケットの縫い目穴は開けない）

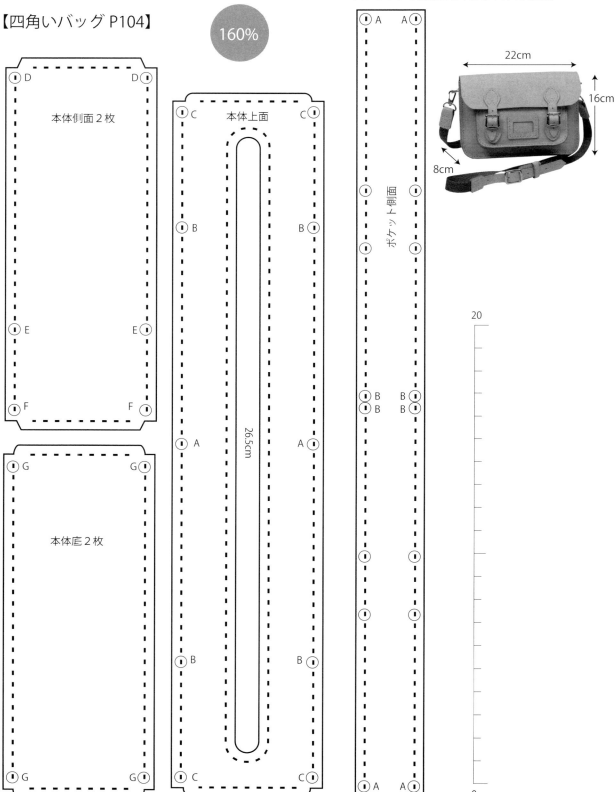

0 ├───┼───┼───┼───┼───┤ 10

【四角いバッグ P104】

160%

本体側面2枚

D — D

C — 本体上面 — C

B — B

26.5cm

E — E

F — F

A — A

本体底2枚

G — G

B — B

G — G

C — C

【学生カバン風バッグ P108】

ストラップの型紙と作り方は P174 に掲載

A — A

ポケット側面

B B — B B

22cm

16cm

8cm

20

0

160%

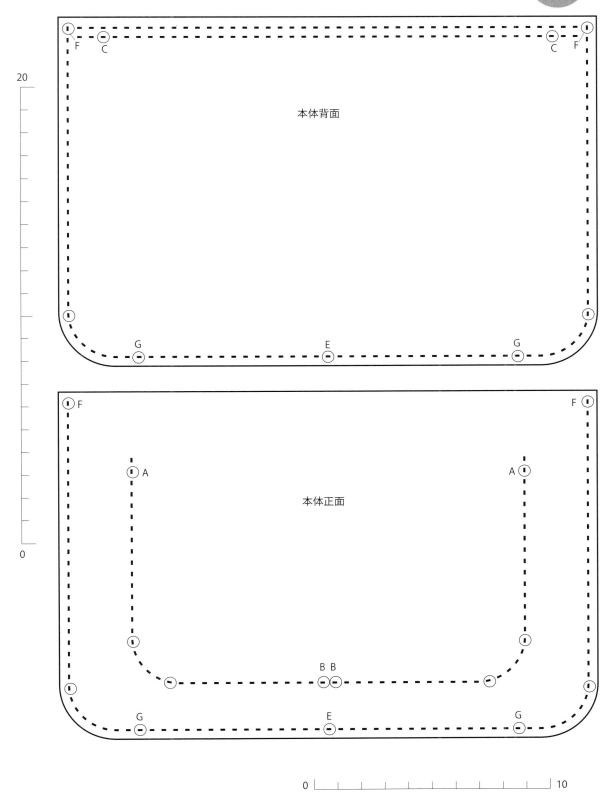

本体背面

本体正面

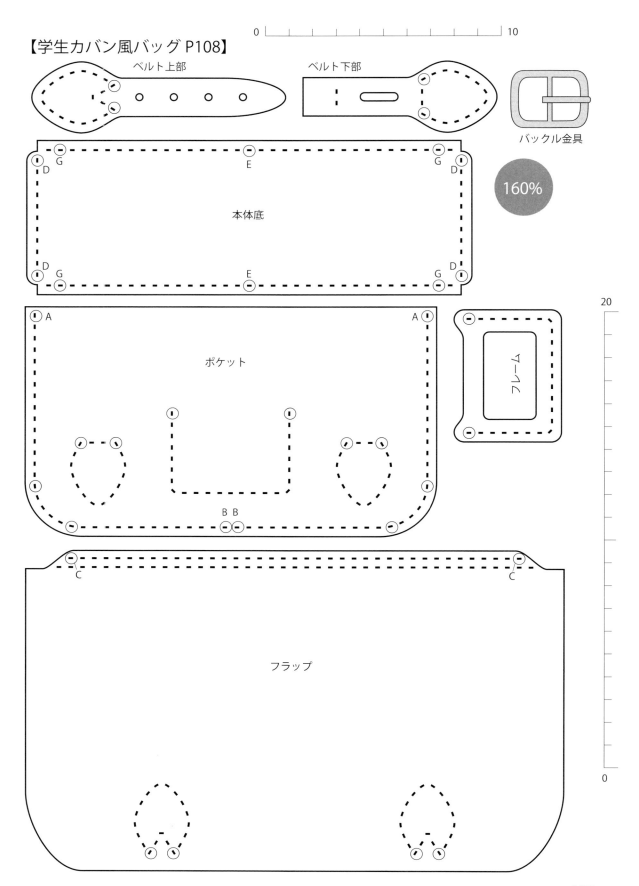

【学生カバン風バッグ P108】

ベルト上部
ベルト下部
バックル金具

160%

本体底

ポケット

フラップ

フレーム

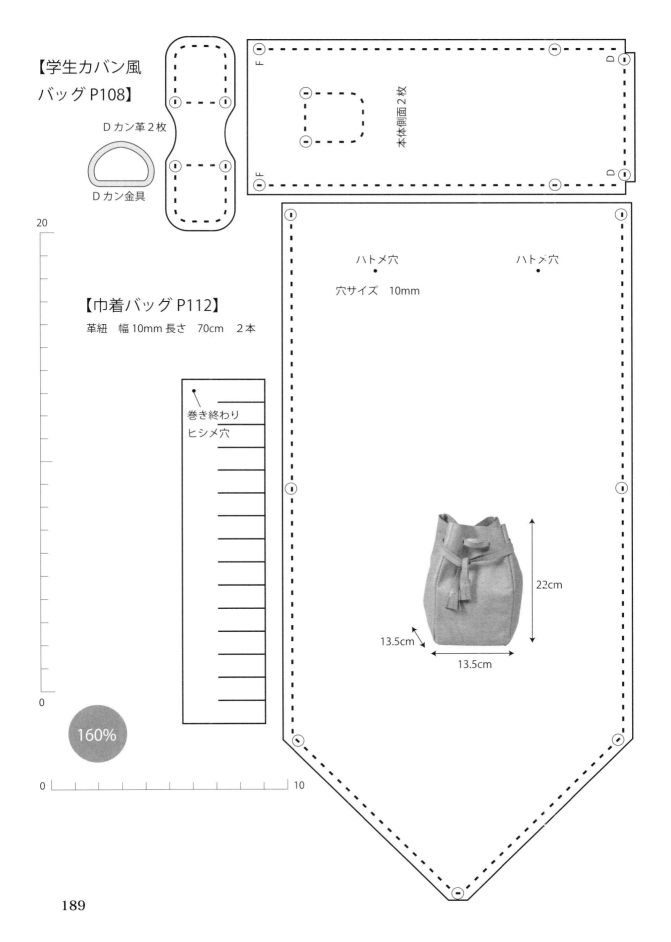

【学生カバン風
バッグ P108】

D カン革 2 枚

D カン金具

【巾着バッグ P112】

革紐　幅 10mm 長さ　70cm　2 本

本体側面 2 枚

ハトメ穴　　　　　　ハトメ穴

穴サイズ　10mm

巻き終わり
ヒシメ穴

160%

22cm

13.5cm

13.5cm

20

0

0　　　　　　　　　　　　　　　　10

189

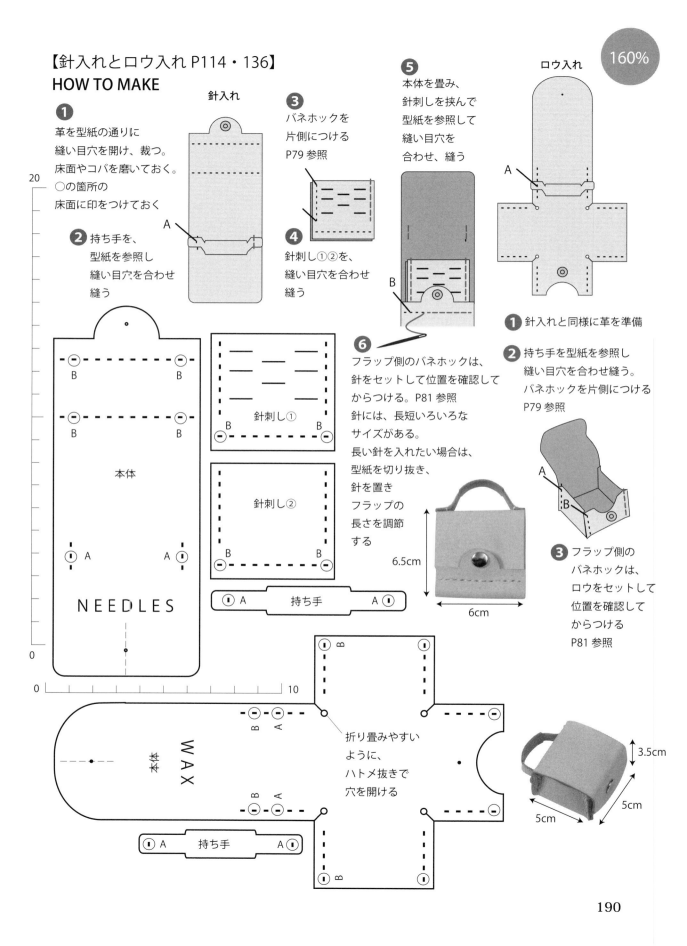

【針入れとロウ入れ P114・136】
HOW TO MAKE

160%

針入れ

ロウ入れ

❶
革を型紙の通りに
縫い目穴を開け、裁つ。
床面やコバを磨いておく。
○の箇所の
床面に印をつけておく

20

❷ 持ち手を、
型紙を参照し
縫い目穴を合わせ
縫う

A

❸
バネホックを
片側につける
P79 参照

❹
針刺し①②を、
縫い目穴を合わせ
縫う

❺
本体を畳み、
針刺しを挟んで
型紙を参照して
縫い目穴を
合わせ、縫う

A

B

❻
フラップ側のバネホックは、
針をセットして位置を確認して
からつける。P81 参照
針には、長短いろいろな
サイズがある。
長い針を入れたい場合は、
型紙を切り抜き、
針を置き
フラップの
長さを調節
する

❶ 針入れと同様に革を準備

❷ 持ち手を型紙を参照し
縫い目穴を合わせ縫う。
バネホックを片側につける
P79 参照

A
B

❸ フラップ側の
バネホックは、
ロウをセットして
位置を確認して
からつける
P81 参照

B   B

B   B

針刺し①

B   B

針刺し②

A   A

本体

B   B

N E E D L E S

A

A

A   持ち手   A

6.5cm

6cm

0

10

0

B   A   B

折り畳みやすい
ように、
ハトメ抜きで
穴を開ける

本体

W A X

A   持ち手   A

B   A

B

3.5cm

5cm

5cm

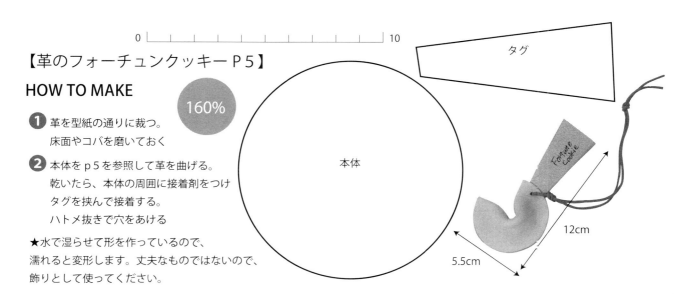

【革のフォーチュンクッキー P5】

HOW TO MAKE

160%

① 革を型紙の通りに裁つ。
床面やコバを磨いておく

② 本体を p5 を参照して革を曲げる。
乾いたら、本体の周囲に接着剤をつけ
タグを挟んで接着する。
ハトメ抜きで穴をあける

★水で湿らせて形を作っているので、
濡れると変形します。丈夫なものではないので、
飾りとして使ってください。

本体

タグ

12cm

5.5cm

縫い目穴を合わせて貼り進んだつもりでも、穴の数が合わなくなったら、
完全な形には仕上がりませんが、以下の方法で調整してみてください。
出来上がりが歪むので、仕上げの際も革を湿らせて伸ばし、なじませます。

縫い目穴が
合わなくなったら

【接着面をはがす】

コバの接着面のすき間に目打ちを刺し、
目打ちを斜めに動かしながらはがす

コバ

【入れ口が合わない場合】

入れ口を切りそろえられないときは、
入れ口から 10cm ほど縫い代の接着面を
はがす。
短い方の革を、湿らせて伸ばし
乾いたら菱キリで穴を足す

革を
湿らせて
伸ばす

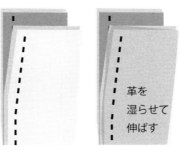

【穴を合わせながら縫う】

穴を足した箇所の数目手前で縫いとめ、
次に入れ口側から目打ちで穴を合わせ
ながら縫う

縫い終わったら、
縫い代を開いて接着剤を塗り、
しっかり接着する

【途中の目が合わない場合】

入れ口の場合と同様に、
湿らせて伸ばし、
穴を足して縫う

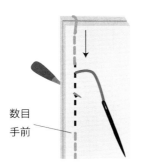

数目
手前

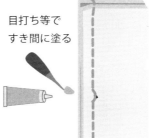

目打ち等で
すき間に塗る

ピポン：がなはようこ・辻岡ピギー

pigpong（ピポン）
http://www.sigma-pig.com/

ピポン
がなはようこ・辻岡ピギーのアート、クラフト作品制作のユニット。
商品プランニング、ブックデザイン、イラスト、染色、
オブジェ制作、ディスプレイ等において、
オリジナリティあふれる、ユニークな活動を展開している。

主な著書は、
がなはようこ
「ボールペンでイラスト」、「ボールペンでスケッチ」、
「ボールペンでなぞり絵」、「サインペンでイラスト」、
「和の切り紙」、「消しゴムでフランスはんこ」飛鳥新社
「消しゴムで和のはんこ」角川 SS コミュニケーションズ
「きりぬく仕掛けカードの本」ビー・エヌ・エヌ新社

辻岡ピギー
「エコペーパー雑貨」池田書店
「簡単！布ぞうり」角川マガジンズ

共著に
「ちょきちょき ちくちく、古着で雑貨」、
「デコ窓・デコ壁」、
「101 ぴきの、くまちゃん雑貨」
「まるごと 1 冊 切りぬく文房具」
「画用紙でつくる　白い立体切り絵」グラフィック社
「きりぬくブック」ビー・エヌ・エヌ新社
「ピポンの V ステッチ」飛鳥新社

撮影：池田ただし
ブックデザイン：我那覇陽子
制作協力：六角久子・小林光枝・安達茉莉子

協力：
SEIWA　http://www.seiwa-net.jp
有限会社 こどものかお　http://www.kodomonokao.com
株式会社 ツキネコ　http://tsukineko.co.jp
有限会社 田村光商店　http://tamurakou.co.jp
（各社ホームページにも参考になる情報が掲載されています）

編集：山本尚子

ヌメ革クラフト ハンドブック

2016年 2 月25日　　初版第1刷発行
2019年 4 月25日　　初版第2刷発行
2023年10月25日　　初版第3刷発行

著　者　　がなはようこ・辻岡ピギー：ピポン
発行者　　西川 正伸
発行所　　株式会社 グラフィック社
　　　　　〒102-0073　東京都千代田区九段北1-14-17
　　　　　Tel. 03-3263-4318　　Fax. 03-3263-5297
　　　　　http://www.graphicsha.co.jp
　　　　　振替　00130-6-114345
印刷製本　図書印刷株式会社

型紙および製作工程については万全の注意で検証をしておりますが、万が一型紙および製作工程に起因する不具合が生じた場合は弊社までご一報ください。ただし、製作にあたって生じた損害については著者および弊社は一切の責任を負いません。